民俗学者・野本寛一

まなびの旅

筒江薫 編

玉川大学出版部

民俗学者・野本寛一

まなびの旅

もくじ

はじめに——民俗学者　野本寛一

筒江　薫

野本寛一という人を知っているだろうか。本人の言葉をかりていえば、民俗学という素朴な学問を鈍重につづけている地味な学徒だ。民俗学とはなんなのか、そう思った人も多いだろう。表だった歴史に登場しない人びとのくらしのなかに、数世代にわたってうけつがれたありのままの生活を研究することが民俗学である。ごくふつうのささやかなくらしは、文字にのこることはすくなく、口伝えで次の世代に継承されてきた。そのため、農村・漁村・山村で直接聞き取りや観察をして、研究資料を収集するフィールドワークが民俗学の基本となる。

野本寛一はひたすら山・海・里のムラムラを歩きつづけている。研究対象があたりまえの日常のなかにあるため、野本が調査する民俗文化を継承している本人も、日常の一コマが研究に値する貴重な民俗文化であることに気づいていないことも多い。徹底的にこまかく聞き取りを重ねなければ、資料は収集できない。ときに野本は研究対象として、一匹の虫に焦点をあてることさえある。野本が自分を「民俗学を鈍重につづける地味な学徒」と表現する理由である。野本寛一は、平成二七年度に民俗学・地方文化振興の文化功労者として顕彰されたが、いつも華やかさとは無縁のところで、山野に生きる人びとの息づかいを感じながら日本人のくらしをみつめつづけている。

野本寛一を「第二の宮本常一」という人もいる。宮本常一は「全国をくまなく歩いた」民俗学者として知られているが、野本の歩きかたは宮本の歩きかたとおなじではない。

「全国をくまなく歩く」ことを目的とした宮本の歩きかたに対して、野本は徹底的にこまかく聞き取りをおこなうため、おなじ場所、おなじ人をなんどもなんどもたずねている。まるで返しぬいをするように。おとずれた場所を日本地図に点で落とすような方法では、野本の足跡はつかめない。野本はかならず聞き取りの協力者の名まえと居住地、生年を記録する。だれが、どこで、いつごろ、なにをしていたかを記すことで、人びとの声が絶対的価値のある一次資料となる。これが野本の研究哲学である。

野本寛一は、「環境民俗学」という一分野を拓いた。日本人のくらしが、豊かな自然環境に根ざしている点に注目し、地域の多様な自然環境が民俗をどのようにかたちづくってきたかをあきらかにしてきた。自然環境を視野に入れて調査をつづけていくと、日本人はその地域にあった農業や漁業を主要生業としながら、いろいろな副業（生業要素）をくみあわせてくらしてきたことがわかる。山のムラでは米や野菜を作り、炭焼きをした。コウゾのとれる地域なら農業や林業のかたわら紙すきをするなど、仕事をいくつももっていた。野本の環境民俗学は、かつて日本人のくらしの基盤であった「生業複合」を柱のひとつにしている。

こまやかにフィールドワークをつづけていくと、自然環境が生業や衣食住とふかくかかわり、生業は年中行事やまつり・芸能へと「連鎖」しているとわかる。環境民俗学はひとつのテーマにとどまることなく、鎖がつながるようにつぎつぎと課題がふえつづけていく。野本はこれを「民俗連鎖」とよんでいる。

焼畑、稲作、海岸、自然災害、季節などをテーマとした研究を重ねてきたが、いまだ課題は山積みで、野本の環境民俗学は発展途上だ。八〇歳を超えても研究への情熱はおとろえるどころか、ますますわきあがってきている。野本は自動車運転免許をもっていない。どんなに遠いフィールドへも公共交通機関と徒歩でむかう。この労力を考えると、野本の研究への情熱ははかりしれない。「多忙であまり歩けなかった」という平成二七年から二八年にかけての調査記録ノートには、北海道の網走から青森、宮城、山形、秋田、岩手、長野、新潟、神奈川、静岡、高知、京都、兵庫、岐阜、熊本、三重、滋賀、鹿児島の地名がならびおどろきを禁じえない。

「いくつになっても心臓は強くならないね。緊張感がある」と語る野本は、どんな場所にでも平気で入りこんでいけるタイプではない。長年聞き取り調査をつづけてきても、はじめておとずれる家の戸をたたくときは、緊張と不安が押しよせてくるという。しかし「あそこへいってみたい、これを聞いてみたい」という情熱がかれを支えている。

野本は大学で研究職に就くまえは高校教師で、学徒であると同時に多くの高校生、大学生を育ててきた教育者でもある。野本の教え子は、研究者としてだけでなく、野本個人のキャラクターに魅了され、大きな影響をうけている。

本書は野本本人が「野本民俗学とはどのようなものなのか」「子ども時代や青年期に野本個人を培った土壌」「学問の基を築くためになにをまなんできたか」「印象ぶかい旅」などについて語り、野本寛一の学問や旅とともに、教え子たちが野本寛一からどのような影響をうけたかがわかる。付録として野本が旅で収集した民具等を旅のエピソードとともに解説している。あわせて読めば野本の旅の醍醐味を強く感じられるはずだ。民俗は人を育む。本書を読めば、その真髄がわかるだろう。

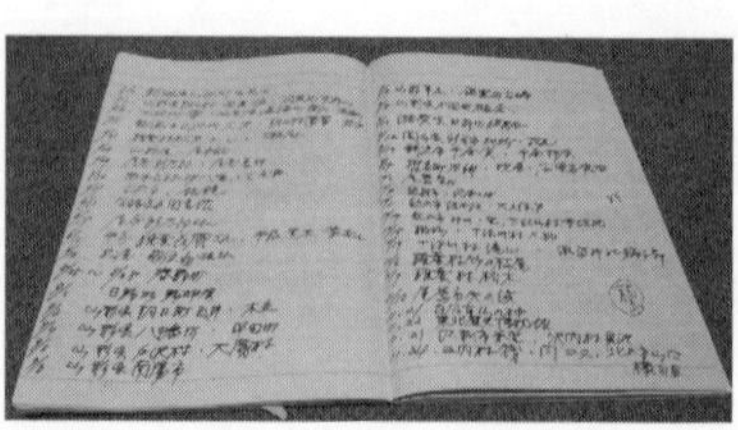
旅の記録。いつ、どこで、だれから聞き取りをしたかを記したノート

第1章　最初の旅

アイヌのイナウ（祭具）をたずねて（北海道沙流郡平取町二風谷）

峠を越えて

わたしについて、日本じゅうをくまなく歩いているという表現をしてくれるかたが多いんです。それは宮本常一先生であってね。わたしなんかは、歩いていないところのほうが多いんですよ。まぁ、ほかの人よりは多少歩いてはいますが、ただ、その歩きかたがひろく均等に歩いているんじゃなくて、何回も何回もおなじところに通うという歩きかたです。ひろくみてまわるという歩きかたとはちがって、具体的にこういうことが知りたいからという考えのもと、おなじ人のところへなんどもなんどもいくわけですよ。ひろくみてまわるという歩きかたでだけでは、詳細な調査はできないのです。

たとえば、わたしの言葉として書くとすれば、

「全国をくまなく歩いているとかひろく各地を歩いているとか紹介されることが多いのですが、歩くあるいはフィールドワークは、決して単純なものではありません。たしかに全国各地をめぐってはおりますが、それとはべつに特定の地域に回を重ねて入るという歩きかたもあります。また、ある個人の家をたびたびおとずれることもあるのです。これらの歩きかた（旅）は、おのずからなにかしらの結果をうんでおります」と、なりますね。

全国をめぐるかたちの最初の旅は、峠めぐりでした。峠を歩いていたのは昭和四〇年代からですが、本を出したのは昭和五三年九月一五日です。わたしが民俗学の基礎を築いたのは、この『峠　文学と伝説の旅』だといえるでしょう。当時わたしは、静岡県にすんでいて、まず主として大井川流域の峠を歩いてみました。大井川は江戸時代、架橋、通船が禁止されていましたからね。峠越えの流通が盛んだったんです。昭和四〇年代、五〇年代

宮本常一（一九〇七〜八一）山口県周防大島生まれ。大阪府立天王寺師範学校卒業後、小学校の教諭となる。柳田國男に認められて本格的に民俗学の研究をはじめ、三二歳で渋沢敬三のアチック・ミュージアムに入所し、日本全国を旅して離島や山村、漂泊の民などそれまでの民俗学があまり対象にしてこなかった庶民のくらしを研究し、宮本常一独自の学問を築いた。

にも峠道を歩くことができました。いまじゃもう草が生えちゃってダメでしょうけど。

たとえば、峠道には「〇〇大日」とよばれる祈りの場があります。ほかにも「石神」とか、もちろん「〇〇峠」とか。そういう峠には、小さな丸石とか照葉樹の枝を折ってそなえるわけです。シイ、カシ、サカキなどをたてるわけです。これは「柴さし」という峠の神に対する儀礼です。**大場磐雄**先生の著書や『万葉集』にもいろんな峠越えの儀礼が出てきます。それが現代ではどうなっているのかと思って、大井川流域の峠・左岸にも右岸にもある峠を調べたら、現在もそういう「峠越えの無事」を祈って柴をさす、そういうことがたくさんおこなわれていました。このことには非常に感銘をうけましたね。

はじめは、大場先生の本の影響が非常に強かったのですが、こうして民俗がだんだんおもしろくなってきて、民俗と古代文学をちょっと勉強しようと思うようになりました。わたしは大学のときには漢文（中国の古典）を専攻していましたから、国文学と民俗を勉強しなおさなきゃならんと思ってね。國學院大學の**櫻井満**先生のところにいきました。櫻井満先生の著書に『**万葉びとの憧憬**《しょうけい》』という本があったんです。この本が非常にすぐれた内容で、この先生に民俗学を教わろうと思って手紙を書きました。ですから櫻井満先生は、大学時代に教わった先生ではなくて、卒業後お世話になったんです。それが昭和四七年だったと思います。櫻井満先生は、わたしより四つ年長なだけで、当時、國學院の助教授でした。櫻井先生は万葉集の研究と折口民俗学の勉強をされていましたね。

したがって、折口信夫の歩いたところを自分も歩くということをしておられましたから、三信遠国境山地の芸能地帯と沖縄も歩いておられました。わたしはそのころはまだ静岡県を中心に歩いていました。折口の著作も読んでいましたから、いずれ沖縄へもいかなければ

大場磐雄（一八九九～一九七五）東京生まれ。鳥居龍蔵の門下生として考古学を研究するかたわら、國學院大學で折口信夫の「葛の葉狐話」を聞いて民俗学にも傾倒する。文献史学・民俗学・考古学をあわせた古代研究をおこない、神道考古学を体系化した。折口信夫門下の五博士のひとりで、野本寛一も教えをうけた。

櫻井満（一九三三～九五）東京生まれ。國學院大學文学部文学科卒、同教授となる。七三年「万葉集東歌研究」で國學院大學文学博士。折口信夫門弟の高崎正秀に師事し、『万葉集』の民俗学的研究をおこなった。『櫻井満　著作集（全一〇巻）』がある。

『万葉びとの憧憬』（桜楓社一九六八）

櫻井満先生と宇津ノ谷峠の猫石前にて
（静岡県藤枝市岡部町）

ばならんと思ってはいましたが、櫻井先生にすすめられて沖縄も歩くようになりました。沖縄へいってきたことを櫻井先生に連絡したら非常によろこんでくれたんです。わたしが櫻井先生からいちばん重要な教えとしていただいたのは、とにかく「全国を歩くのが重要だ」ということでした。

　峠めぐりでは、北海道から九州まで全国一〇〇以上の峠を歩きました。どんな峠が印象にのこっているかというと、やっぱり**大菩薩峠**が強烈でした。『大菩薩峠』という中里介山の作品でよく知られていますよね。そこにいったのは昭和五二年一一月六日。六日に山梨県のふもとに泊まってから峠に登って、埼玉側へ下りました。大菩薩峠などはほぼ山登りに等しいわけですから、登山靴をはいていくわけです。そのころのわたしには伝説があるんです。当時、わたしは櫻井満先生の研究室に出入りしていましたから、その櫻井先生の若い教え子のなかで、わたしがひと夏に登山靴を一足つぶしたという噂がたっていましたね。実際には、まぁ三年で二足くらいつぶしました。それは調査の途中で山へ登ることがあるわけですからね。鳥海山とか、岩木山とか、高千穂とか登る前後に民俗の聞き取りをして……。ガンガンに歩きづめでしたから、靴がダメになるんですよ。

　大菩薩峠の甲府側の八合目まで登ったときに、わたしより先に登っていたぜんぜん知ら

三信遠国境山地　愛知県の東三河地方、静岡県浜松市を中心とする静岡県の遠州地方（西遠、中遠）、飯田市を中心とする長野県の飯伊地域（南信州＝信濃の南部）の県境をまたいだ地域の呼称。国道の三遠南信自動車道に由来する用語のため、三遠南信（さんえんなんしん）ともいう。歴史的につながりがふかい地域である。

大菩薩峠　山梨県甲州市塩山上萩原と北都留郡小菅村鞍部の境にある峠。標高一八九七メートル。

ない青年がちょっと横の岩に座っていました。甲府盆地を見下ろしながら「武田節」をうたっていたんです。

〽 祖霊まします この山河　敵にふませて なるものか

とね。こんなふうに旅のなかに心にのこる人が大勢いるものですよ。いい景色だなと思ってみましたね。大菩薩峠のいただきには、五輪塔とかいろんなものがあるんです。中里介山の記念碑や供養塔、それから積み石があって賽の河原になっているわけですよ。ここで若い衆はみんな甘酒を飲んでいましたね。この大菩薩峠の塩山から北都留郡の小菅村の橋立というところまでは徒歩で三時間、往復六時間以上かかります。山道を一時間ほど下ると紅葉がみごとで落ち葉の小道になるわけです。カエデ、ミズナラ、コナラ、クリなどの葉がびっしりと散り敷いてぶあつく積もっている。ふつう、山道というのはV字形、U字形に掘れているんだけど、それが落ち葉でうまってるわけだ。もう、登山靴がぶわぁとしずみこむくらい積もっているわけですよ。すべるけどね。それに芳香がすごいんです。落ち葉のむせ返るようなにおいがウーッとしばらくつづくわけですよ。このときに落ち葉のにおいというのをおぼえましたね。「山というのは、こういうものか」、「秋の山はこういう香気に満ちるのか」と。それで小菅村までいって、そこでも調査をしていろいろ話を聞いたりしたんだけどね。体力がいる旅だわなぁ。あのときの武田節をうたう見も知らぬ青年の姿と落ち葉のにおいというのが非常に心にのこってますね。

徳島県の峠もきびしいんです。とくに傾斜がきびしいから、杖立峠という峠がたくさん

武田節　一九六一年作の民謡調の歌曲。三橋美智也がうたって流行した。作詞は米山愛紫、作曲は明本京静。甲斐の山河についてうたっているため、山梨県の民謡とされることもある。

賽の河原　死んだ子どもがいくといわれる仮想の「三途の川」の河原をいう。現実世界では山かげや洞窟のなかなど、死者の霊が集まると思われているさびしい場所を賽の河原とよぶことが多い。旧大菩薩峠の稜線にも賽の河原と名づけられた場所がある。

あるんです。峠道の入り口に杖がたててあって、それをかりて登っていくわけです。峠を下りたところにまた杖を返すしくみですね。ここには「杖立権現」といって、杖をたててお参りする峠の神さまがあって、杖をそなえる独自の民俗があります。山を無事に越えるために、たとえばワラゾウリをそなえたり、足の模型をそなえたりする。そういう「歩く民俗」がある。これらはトータルでまとめられていませんよ。そういうことをわたしは徳島の峠で感じましたね。徳島の峠はすごく苦しいんですよ。わたしはたくさんの峠を歩いているからなれているはずなんですけど。村の人に聞いたら、「杖立峠」を越えて修学旅行にいったというんだ。村の人がいかに強いかですよね。

ほかにも、**坂本龍馬が脱藩した峠**を越えようと思ってね。いまはまた復活していますが、そのころは道がつぶれちゃっていたんです。わたしがいきはじめたころにはたえだえだったんです。この峠もあまりにはげしいもんだから、もっているものをその辺にすておいて、荷物を軽くしてやっとのことで越えたこともあります。峠を越えるということはすごいことで、いろいろと勉強になりました。

長野県と岐阜県境の**神坂峠**もすごいんですよ。長野県側に神坂神社という神社があって、ヤマトタケルの腰掛け石という石が祀ってあるんです。そのいただきで、**大場先生**が祭祀遺物を発掘してるんだけどね。いまは、その下を中央道の御坂トンネルというのが通っていて、かつては苦しくつらい峠越えをやっていたところを、いまでは一〇分ぐらいで通っちゃうんだよ。そのギャップがやっぱりなにかをうみ、なにかを失わせていくということがあるように思います。

峠をやったことで、わたしは歩くことが苦にならなくなりました。車で峠を越えるなら

杖立権現　杖立権現峠ともいう。徳島県勝浦郡勝浦町大字坂本地区の北にある佐那河内村との境界に連なった山の標高六五〇メートルあたりに杖立権現の祠がある。峠を越える人は、杖立権現のまえで杖をたてて旅の無事を祈ったという。

坂本龍馬が脱藩した峠　高知から朽木峠を越えて梼原にむかい、県境の韮ヶ峠を越える道のりのこと。

神坂峠　木曽山脈南部の岐阜県中津川市と長野県下伊那郡阿智村のあいだにある峠で、標高一五九五メートル。古くは信濃国（伊那郡）と美濃国（恵那郡）との境で、東山道一番の難所として知られていた。あまりに険しいため、峠越えに苦労した逸話が日本書紀はじめ、今昔物語など多くの古典に記されている。

べつですが、峠を歩くということは、むこうまで自分の力で歩きぬかないと、目的地にいたらないということなんです。そういう経験をたびたびしてきました。とくに九州の熊本県と宮崎県の境は、三回ぐらい歩きましたね。そのうち、一回はまよって、磁石を使ってやっと目的地に着いたということもありました。それは危険には危険でしたね。

　折口信夫も、すごい歩きかたをしてまよってるんです。折口には地図の上に線をひいて、そこをそのまま歩いたという伝説があるんですが、それは嘘です。岐阜県から静岡県まで、ただ山のなかをずっと歩きつづけたんです。折口の時代にはバスはないにしても汽車はあるわけで。汽車に乗って大阪から東京に出るというくらしをしている人間に、本当に古代の人びとの思いがわかるのかということを考えての旅が、折口の旅だと思います。つまり歩きつづけると、夜はなにが鳴いて、どのぐらい冷えて、そうすると人間の心はどうなるかというような古代的な感覚を理解する。こんな古代の旅を知るために岐阜県から静岡県まで、主として長野、静岡だったんですけど、浜松市天竜区春野町の京丸なんかにもいってるんです。こうして折口は、すごい歩きかたをしてまよってるんですね。この旅のふかい目的はつかみにくいんだけど、「いわゆる現代人の感覚で山を歩いてもダメだ、ただそ

「坂部冬祭り」のよく朝。手には「海道下りの翁」のワラエボシをもつ

大場先生が発掘した祭祀遺物　神坂峠の頂上から、古代、祭祀で用いられた鏡や剣、勾玉や須恵器、土師器などが発掘されていて、神坂峠遺跡とよばれている。

京丸　浜松市天竜区春野町小俣京丸。落人が人知れずくらしてきたかくれ里だったが、享保年間に、膳椀などが川上から流れてきたため発見されたという伝承もある。柳田國男や折口信夫が研究対象とし、折口はここをおとずれ、当地の藤原家に滞在した。六〇年に一度咲くという京丸牡丹の伝説がある。

の土地を歩いたとしても古代人の心意はわからん」というのが折口の旅で、古代人の自然との交感を実感したのだと思います。

　柳田國男は柳田國男で「峠に関する二、三の考察」というすぐれた論考を書いています。峠にはうら・表があり、それをみただけでムラの発達がわかるというんです。つまり経済的劣位のほうが峠道を拓くのだと。塩がなきゃ生きていけないんだから、塩のないムラの人が塩を買うために道をつけるということです。そういう道は谷にそって登っていって、むこう側に一気に下っていく。塩のとれるムラの人は、用があるとき勝手に通るだけの道だから——。景観をみればムラの発達がわかるというのが柳田の峠論のいちばんすごいところです。

　大きい峠を実際に越えてみると、両麓で言葉がちがうこともあるし、着るものもちがうということがいくらもあったんです。峠はひとつの境界で、遮断性のなかを越えていくというのが峠の魅力のひとつです。

　わたしは、全国の峠を一〇〇以上歩いたことによって、「どのぐらいの体力と、どのぐらいの時間・日数と、どのぐらいの費用でどこまで歩けるか」ということをはやい時期に体得したというのかな。これが以後の民俗のまなびにおいてひとつの助けになったんですよね。


「峠に関する二、三の考察」『柳田國男全集6』（筑摩書房　一九九八）に所収。初出は『太陽』（博文館　一九一〇）。

大井川をさかのぼると焼畑

さらに基礎的なまなびになったのは『大井川　その文化と風土』という昭和五四年に静

岡新聞社から出版された書物のための調査です。この調査で歩いたのが、大井川流域のムラムラです。まず、昭和五二年の三月から六月まで「静岡新聞」に連載しました。文章がわたしで、写真を担当してくれたのが八木洋行氏です。昭和五一年の三月から五二年の二月くらいまで八木さんとわたしで調査をつづけていたのです。土曜日曜はだいたい八木さんの車で大井川流域に入っていました。八木さんは、日本大学芸術学部の写真学科へいって、それで写真家になった人ですが、ちょうど学園紛争のころで日大も闘争をやっていたもんだから、そこから逃げるように武蔵野美大の宮本常一教室へ出入りしていたんだそうです。だから、八木さんは民俗学への造詣がふかかった。もともとあのかたは、着眼や発想がとてもおもしろい人で、いっしょにいると刺激があってね。車のなかでも、夜寝ていても討論するんです。自慢じゃないけどわたしは八木さんのそういう力がすぐわかったから、文章・野本、写真・八木という写真家としての八木さんとのおつきあいはその一冊しかないんです。あとは民俗学者としての八木さんとおつきあいしてきました。いまでもこの関係はつづいているんですよ。

大井川流域といったって藤枝からさかのぼっていくと長いんです。だから、帰りはへたばってきてね。だけど、毎回帰り道の、ある坂道のあたりへくると、「きょうはすごいことを発見したなぁ。きょうの発見はすごい」とかいって、ふたりでホラを吹くわけです。そこをふたりで「ホラ吹き坂」ってよんでいましたね。そこを過ぎ、だいたい金谷の町にちかづいてくると、わたしが車よいしてくるわけなんです。体調が悪くなってくると、車をとめてもらって、用足しをしたり、深呼吸したりするとおさまってくる。それから家へ帰るわけですが。もちろん宿泊することもあります。そういう夜はふたりで民俗学の討論

大井川流域の屋根材の比較

大井川		地域	屋根材	屋根の葺きかた
流域	最上流部	井川本村〜田代	カラマツの板	板葺き（イタヤネ）
	上流部	閑蔵〜川根本町	モミ、ツガの板	板葺き（イタヤネ）
	中流部	本川根〜中川根	スギ皮	杉皮葺き
			カヤ（ススキ）の茎	草葺き（クサヤネ）
	下流部	島田市	カヤ（ススキ）の茎、コムギガラ、イネワラ	稈葺き（カラヤネ）
	最下流部	大井川町	カヤ（ススキ）の茎、コムギガラ、イネワラ、ヨシ	稈葺き（カラヤネ）
	河口付近		流木（カラマツ、モミ、ツガ）の板	板葺き（イタヤネ）

した——。あの熱っぽい時間はわすれられませんね。来年も八木さんが編集する鹿の本を一冊書きます。わたしがいままでにやってきたことですが、鹿の害のほうを八木さんがやる予定です。ふたりの仕事なら「やらにゃならん」という関係がいまもつづいているんです。

大井川では本当にいろいろと勉強したんだけれども、まずおどろいたのは上流域と下流域で屋根の素材がちがうということです。いちばん上の静岡市田代、いまは葵区が入っているけれど、田代ではカラマツの板で屋根を葺くわけだ。で、その下に閑蔵というところがあるんだが、そこの屋根材はカラマツがないから、モミ、ツガなんです。カラマツは最上流部しかないんです。だから、井川地区の本村から田代までがカラマツ、閑蔵から川根本町の一部にかけてモミ、ツガになるわけですね。その下流部の本川根、中川

ふたりの仕事　八木洋行との共著は『写真集明治大正昭和藤枝　ふるさとの想い出75』（国書刊行会　一九八〇）、『ふるさと百科藤枝事典』（国書刊行会　一九八四）などがある。

地蔵峠からながめる大井川（静岡県島田市神尾）

根の大部分がスギ皮とカヤになるわけです。カヤはススキのことで、クサヤネになるわけです。いちばん上が板葺きのイタヤネ、その次が草葺きのクサヤネになる。

島田市がちかくになるあたりにくると、こんどはススキにくわえて、コムギガラとワラになってくるわけだ。コムギやワラの茎は、ススキとちがってなかが空洞でこれをカラといいます。カラというのは「稈」のことで、ススキとコムギガラとワラで葺いたカラヤネになるわけです。そして、最下流部の大井川町になると、ススキ、コムギガラ、ワラ、それからヨシが入るわけです。それで、さらにおどろいたことに最上流部の山のなかから、下流部の海に流れて、砂浜にカラマツが打ちあげられてくるんです。カラマツの木が流れてくるわけだけど、それだけじゃなくモミの木やツガの木も流れてくるわけなんです。最下流部の河口あたりではそれらを板にして屋根を葺くんだ。そうするとね、流域の屋根材は植生にかかわり、川の流通性にかかわる。流域の屋根材に注目すると、人間のくらしと環境の関係がみえてくるわけで、これは環境民俗学のひとつの根幹にかかわるんです。

きのう読んでいておどろいたんだけど、ここに一冊の中国の本があります。学苑出版社から出た『現代日本民俗学的理論与方法』という書物です。そのなかに、陳志勤というかたがわたしの『生態民俗学序説』と『大井川　その風土と文化』を要約的に訳した「提唱生態民俗学」という章があります。日本民俗学会では、『生態民俗学』は、あまり注目されてはいないけれども、中国のかたや文化人類学の人がわたしのものを読んでくれているんです。

もうひとつ、大井川の仕事では、「生業複合」と「生業連鎖」を勉強しました。もっとも大きかったのは焼畑です。大井川中上流部でやっている焼畑。焼畑で主食を得ていたのかと、ほんとうにびっくりしました。それで全国の焼畑を調査・研究するようになった。そのとき、峠での経験が役に立ったんです。どれぐらいの日数や費用で歩けるのかということなどがね。全国的な焼畑調査については、八木洋行氏があと押ししてくれたんです。「先生がやらにゃいかん。全国の焼畑を歩かにゃいかん」と激励されて、『焼畑民俗文化論』にいたりました。

庶民の人生記録を連載

わたしの民俗学の礎となったもうひとつに『庶民列伝　民俗の心をもとめて』がありま

す。これは昭和五二年二月から五四年の四月まで、二四回にわたって『母と生活』という雑誌に庶民の人生記録を連載するという仕事でした。それにプラス七人、三一人をまとめて本にしたものが『庶民列伝』です。この取材も連載のずっとまえです。調査地という視点にたつと、『大井川』が大井川という一地域・大井川の流域だというのに対して、『庶民列伝』は静岡県下の広域、しかも個人の家をたびたび訪問するというかたちです。これによって特定の個人についての人生の軌跡やさまざまな小主題について聞いていくということが、どれほど多くのことをまなべるかということを勉強したわけです。

『庶民列伝』の取材をしていたころ（静岡県島田市：撮影　八木洋行）

たとえば、御前崎でオトコ海士をしていた高塚佐右衛門さん（明治二七年生まれ）から、「潮の干満によって、捕採する貝の量がちがってくる。それに連動して妻が行商をする範囲もことなってくる」という話を聞きました。自然の摂理が漁獲高のみならず、行商範囲にまで影響をあたえるということを知ってふかい感動をおぼえました。これが、「生態民俗学」「環境民俗学」の起動力、その基点のひとつになったのです。

「生業複合」もそうです。個人に光をあてることによって、ひとりの人間がどれだけ多くの仕事をこなしたかということがわかります。

わたしの民俗学の構造を支えた、骨格を形成す

『母と生活』静岡県出版文化会により一九八〇年代に発行されていた雑誌。

るにいたった初期の本は、『大井川　その風土と文化』と『庶民列伝　民俗の心を求めて』

の二冊です。これは『暮らしの伝承知を探る』にも書いてありますが、その二冊を書くなかで環境民俗学のヒントを得ているんです。この二冊はほぼ同時期のものです。その二冊できまったという感じでした。そのまえの峠だとか、あとで紹介する家庭訪問をやりながらの勉強は基礎勉強のひとつといえます。

第2章　五人のおばあちゃん

千代と寛一。昭和18年、菅山村立国民学校入学の日

野本まみ

はじめは、野本まみのことです。わたしはよくゼミなんかで、「どっちのばあちゃん。父方か、母方か」って聞いていたでしょ。だれにでも原則的に両方におじいさんとおばあさんがいるわけ。ところが、われわれの世代だとね、さきの代の人たちの結婚がはやいから両方に祖父祖母と曾祖父曾祖母がいるわけだ。わたしなんか、ばあちゃんが四人いたんだよ。それに渡部すいさんという、東京の下宿で世話になったおばあさんを加えて、五人のおばあさんがいるわけだ。そしてまだ、他人のばあちゃんもいいんだ。だからだね、その「ばあちゃんの魅力」というかさ。それはそのままいまの社会に発信できるわけですよ。

おばあちゃんがご自分のおしゃればかりに熱中していてはダメでしょうね。おしゃれのほかに孫だの、若い世代に伝達することがたくさんあるはずです。「おばあちゃんの魅力」そういう項目で、それが伝承やフィールド・民俗学の原点になっていくということを、わたしは話したいのですよ。

まみさんのことは、いままでにも書いています。『庶民列伝』の最後が「まみ」です。まみは明治六年生まれ。まみのまえにふたりも「一人まえの嫁としてつとまらない」って帰されたところに来た三人目の嫁がまみです。『庶民列伝』のまみのところをすこし読んでみましょう。

「野本まみは、わたしの曽祖母にあたる。まみは、明治六年、旧榛原郡勝間田村勝間小字柿ヶ谷で、大石平兵衛、みた夫妻の長女として生まれた。大石家は農家で、五人姉弟の長姉であったため、まみは幼時から家事や家業に明け暮れた。一七歳の年に牧之原台地の一角を越えた所にある榛原郡萱山村松本の野本喜一郎のところへ嫁いだ。松本は、田沼意次の城下町相良から一里ほど北へはいったところである。（略）夫の喜一郎は大柄で無口、頑固な働き者だった。姑のますは士族の渥美家から嫁いできた人で、相良中でいちばんオッカナイ姑だとうわさされた。それというのも、当時の女にはまったくめずらしく、毎晩、晩酌をして気焔《きえん》をあげていたからだ。（略）喜一郎は、まみを迎える前に二人の嫁を迎えたのだったが、その嫁たちは厳しい姑づとめに耐えきれず、二人とも家を出てしまっていた。（略）まみは働き者で仕事も上手だった。（略）一日の農作業を終え、家事をこなせば、夜ナベが待っている。石灰の俵編み、草履つくり、縄ない、むしろ織り、機織り……、一二時前に寝れば姑の機嫌が悪く、居眠りをすればすかさず咳ばらいが聞こえた。こうした生活の中で、まみは七人の子どもを産んだ。しかも、その七人は、みな他人の手を借りずに自分自身でとりあげた。臨月であろうと、腹が張ろうと、一日も休まずに野良に出た。産気づいたとき、はじめて喜一郎とともに家にひき返した。喜一郎は、まみに指示された通り湯を沸かし、盥《たらい》に入れて納戸に運ぶと、またそのまま野良に出た。それからまみはひとりで子どもを産み、自分でとりあげた。

まみと喜一郎（昭和16年）

七人の子のうち二人は野良仕事の昼休みの間に産んだという。」

まみは、たいへん熱心に百姓をやった人でした。ここにもあるように、子どもは七人産んで、七人とも自分でとりあげたそうだ。昼休みに陣痛がくるまで働いて。そういう人だもんだからね。日に焼けて、顔色が茶色なんだよね。それであご骨がはっている人だから、わたしがほんとうに幼いころの話ですけど、「このばあちゃんの顔は赤エイだ」ってわたしはそう思ってたんです。そのころ、相良の町から行商人が売りに来る魚のなかに赤エイがあって、わたしの家ではそれをよく買っていたんだ。ヒレあたりが四角ばっていて、色が赤い「赤エイ」っていう魚のことです。まみばあちゃんのわたしなりのあだ名を家族にいっても、家族はなっとくしないんだけど、わたしはずっとそう思っていてね。べつに悪い印象じゃなくて、とてもたくましい、強そうな顔色で、それでもってやさしい。まみにはまぁそういう印象をもっていました。

わたしは幼いころ、まみとひなたぼっこをしたわけです。冬にはね、まみが生け垣や竹垣、蔵のまえの風のあたらない日あたりのよいところを選んでゴザを敷いてね。そこでひなたぼっこしながら、まみがお話を聞かせてくれるんだよ。それで真夏には、まみはもろ肌を脱ぐわけだな。あなたがたはそういう人をみたことある？　要するにね、乳房を出して肩を出して、そうすると涼しいわけだ。日本人はそういうことをしていたわけです。夏はそういう格好で、そのそばに小さなわたしがくっついているわけだね。ばあさんだからこれ（乳房）はでかいけどたれているわな。そういうのが、まあわたしのまみとの思い出です。

なぜわたしがまみによくなついたかというとね。わたしの母親が、小学校の教員をやっていたんです。わたしが満一歳になるまえに父親が日中戦争で戦死しましたからね。わたしのめんどうをみるのは、まみが適切だったんだな。わたしの祖母はまだ働く年齢でしたから、そういう家族の構成上、役割分担がうまくいっていたようです。まみだってまだ働けるけど、あんまり家のことをやっちゃうと嫁と姑の関係がよくなくなるわけですよ。いくら年とっていてもね。で、もう家事はわたしの祖母にまかせておいて、自分はひ孫のめんどうみるということでね。ふだんはそうでした。

わたしはまみのおおらかさ、素朴さ、土のにおいを本能的にこのんでいたようです。まみは、鉄漿《おはぐろ》をぬっていてね。わたしはまみが鉄漿《おはぐろ》をぬるところもみていました。鉄漿《かね》つけはね、皿へ鉄漿《かね》をとかして、竹のヘラで毎日ぬるわけだ。とりわけ外出するときはていねいです。ふだんは黒い色がはげ落ちていても、どこかへ、たとえばおつかいにいくとか、まつりにいくとか、客として他家をおとずれる日はとりわけていねいにぬるんです。わたしは、そういう様子をよくおぼえています。鉄漿《おはぐろ》をしっかりぬったまみばあちゃんはいかにも晴れがましい感じでした。

江戸時代は結婚すれば、もう鉄漿《おはぐろ》をつけるときまったことでね。だから日本の各地にも「鉄漿親《かねおや》」というのがあるわけです。つまり、仲人とはべつに、結婚生活とか家庭生活の指導・助言をあたえる「鉄漿《かね》つけ親」という親をもつわけですね。それはつまり、娘から妻になるときにかならずたちあうわけだ。ほら、鉄漿《おはぐろ》をつけるわけだから。

〽　かわいそうだよ　白歯で身もち　聞けば男は旅の人

鉄漿　鉄漿つけともいう。女性が古釘などの鉄くずを焼いて濃い茶のなかに入れ、酒などを加えて作った鉄漿で歯を染めること。一人まえの娘になったしるしとして鉄漿つけをした時代があったが、次第に既婚のしるしとされるようになった。一般的には明治のはじめごろに衰退したといわれている。

鉄漿親　一人まえのしるしとして女子がはじめて鉄漿つけをする際に世話をする仮親のこと。お歯黒親ともいう。その後、婚姻などいろいろな世話をたのんだ。鉄漿親を仲人とはべつにもつ地方もあれば、近世以降、仲人が鉄漿つけをすることもあり、鉄漿親＝仲人を意味する地方もある。

こういう田植え唄もあるようにね。

まみが明治六年生まれで、わたしが昭和一二年生まれだから、昭和二〇年代まで鉄漿《おはぐろ》をつけていた人間が生活していたわけなんです。

もうひとつ。まみはね、すごく働くものだから、いっとき胃潰瘍になって、「百草」（付録2参照）というものを常用していたんです。百草は錠剤じゃないよ。竹の皮に包まれて板状になっている。これはもう貴重品です。わたしのところにもあるから、あとでみせましょう。わたしは伝承者だからね。まみはこれで胃をなおしちゃったんだよ。これは夏、暑いととけるもんだから、家のうらの竹やぶのかげの涼しいところに保存していました。『万葉集』にガケを示す「ママ」という東国の方言が出てきますが、わたしが育った静岡県牧之原市でもガケのことをママといっていましたね。まみは、家のうらのママ（崖）の芋なんかを貯蔵する横穴に「スクモ（籾殻）」を入れて、そのなかに百草を収蔵していました。百草はものすごく苦くて、幼いわたしがなにか悪いことをすると家族が「百草をなめさせるぞ」といっておどかすんだ。それがイヤで、逃げまわっていた記憶がありますね。

まみは、わたしが小学校に上がるころには、もう腰が曲がっていましたから、杖の代わりに乳母車を使っていたな。乳母車もいろいろあって、まみのは籐でできたとてもいい乳母車で。町へ買いものにいくときや、長女が嫁いでいた御前崎市浜岡町宮内《みやうじ》にいくとき、それから一里半ぐらいはなれた自分の持ち山にいくのも乳母車を押していく。わたしはまみが好きなもんだから、持ち山へいくときなどはいつもまみについていくわけだ。それで、坂になるとわたしが押してやるわけだよな。どういうわけだか終戦直後のくせに、まみは干しバナナをもっていたよ。「ほれ」とかいって食わしてくれて。

井上靖の作品のなかには幼少期のことを書いた小説やエッセイが多くて、それを読んでもそうだけど、まみは井上作品に出てくるばあちゃんとおんなじことをいっていたね。要するに、大地主とか旧家とか財産家とか、その没落した家とかを、道中でこまかく説明するわけです。この家はこういう悪いことやって没落したとか、このうちからどこへ嫁にいったとか、そういうことを語ってくれる。

家のうらの廊下のつきあたりにまみの「宝箱」っていうのがあってね。どのくらいの箱だろうなぁ。木箱があった。そこに画報やなんかあって、歌舞伎役者の絵とかね。それから、名所地図なんかが入っていて。山は緑でかいて、日光とか箱根とか伊勢とか名所には赤線がひいてあってさ。わたしはときどき、そういうのを出してみるのが楽しみでした。

野本まみからうけついだ年中行事

野本家はムラに五軒ある地主の一軒だったんだけど、江戸時代にひな人形を商っていたので、「ひいなや（雛屋）」という屋号で、農業もしていたんだな。その「ひいなや」の年中行事を切り盛りして伝承していたのは、やっぱりまみだったわけだ。わたしのばあさん（祖母）の千代（明治二六年生まれ）に年中行事を教えたのもまみ。そのあとにも次の跡つぎの嫁にいちばんがっちり教えていたのもまみだった。明治六年生まれだから、まえの姑からうけついでいるわけです。

まみが教えてやっているところを目のまえでみたのは「年取り餅」だな。いわゆる大晦日、いまの三一日じゃないんだよな。旧暦でやるから二八日か三〇日なのかな。年末に搗いた餅をひとりひとり稈心《みご》（ワラの芯）でひねって切っていただく。のこりの餅は個人で

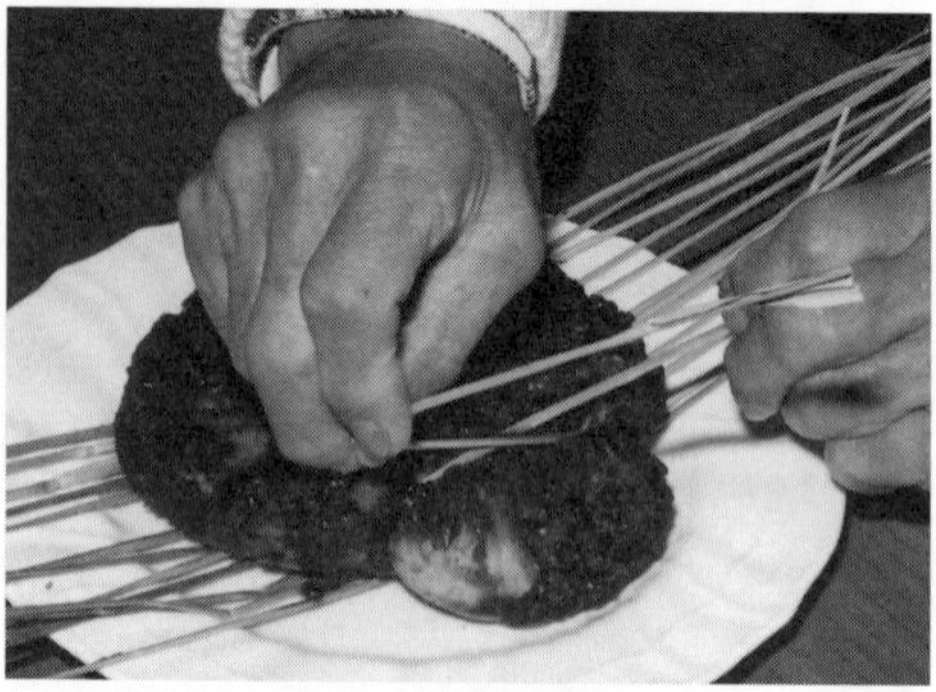

年取り餅をミゴで切る（静岡県牧之原市松本）

管理する。要するに、自分の「年取り餅」は歳神からもらった年玉だから、他人には食べさせない。自分で食べるんです。やっぱり、それはいまとなっては貴重です。『藤枝市史』をやるときも、わたしのその記憶があったものですから、それをもとにして聞き取りをしました。八木洋行さんが写真を撮ってくれたりしてね。まみとの記憶がなければ、発掘できなかったかもしれません。

　ミゴを使って年取り餅を切る例は岩手県にもあります。丸餅でやるのは椎葉村です。年玉としての年取り餅はまだ方々にあったはずです。わたしは小学生になっても、あとにのこしておいて自分のぶんを食べたんだけど、だんだん餅がかわいてくるわけ。それでも焼いて食べるとうまいわけだよ。うん。そういう年玉の民俗の原点みたいなものをわたしはまみから伝承しているわけです。

　年中行事でもうひとつ「節分の鉈餅《なたもち》」。終戦のよく年の節分だからわたしがまだ小学校の三年生のときです。鉈餅というのは、一臼だけ餅を搗いて、箕のなかにあらびきの大豆（あらいきな粉）をまいてその上に餅をのす。そして、餅の上にもあらくひいた大豆をまぶす。それを鉈で切りわけるわけです。まあ一臼だから三升くらい搗いたんだろうな。

　カイド（まえの家）と自分の家の中間に巨大な防空壕が掘ってあって、そこに乞食がす

年玉　現在では正月に贈答する金品のことをいうが、本来は歳神（正月の神さま）への供物を神と共食するためにおさがりとして家人に分配する、食物の贈答のことであった。

『藤枝市史』　藤枝市史編さん委員会編『藤枝市史　別編』（藤枝市　二〇〇二）

節分　立春の前日に厄よけのために豆をまくが、春のはじまりに際しての忌み籠《こ》もりの日でもあった。そのため、ヤイカガシなど邪悪なものを防ぐ風習や、みずからの厄を落とす風習がある。

みついていたんだよ。女の乞食だった。気の毒だったなぁ。「おい、寛坊」って、まみがいうんだよ。わたしのことをまみは寛坊ってよんでいたなぁ。「おまえ、あの乞食のところに、これを一切れ、置いてこい」と。「なぜそんなことをいうのかな」と思っていたけどね。まみは、「鉈餅は他人にもらってもらうもんだ」と語ったものの、その理由までは語らなかった。

なぜ鉈で切るのか、なぜ箕を使うのか、なぜあらびきの大豆をまぶすのか、ずっとわからなかったけれども、五来重の『宗教歳時記』に「京都では一九の娘が年の数だけ豆を辻に捨ててくる」とあるのを読んだときに、あれは厄落としだったんだとなっとくできました。鉈餅も「家の厄落とし」だとわかったんです。奈良でもね、神さまにそなえた豆を、それを他人がもらってくれて、他人の豆はこっちにもらってくるわけだから。他人にもらってもらうという、原理的にはおんなじことです。きな粉をあらびきにするのは、節分の大豆の意味が大きいからです。「鉈餅」は、節分行事のなかでは民俗行事としてはいちばん強烈ですよ。箕を使うのは、悪いものを外に出して、よいものをためるという箕の機能を呪術的に使うわけでしょ。そして、悪いものを強力な鉈で切断するわけだから。「家の厄落とし」ですよ。わたしはその原理を、行事を通してまみから教わっていたわけです。

それから、もうひとつ。一一月二三日に「大師講」という行事があります。この日にはその年の新米でぼた餅を作る。ぼた餅には粘着性があるから、すりこぎにもち米の粒がついている。「大師講」には、こうしてすりこぎについたもち米の粒で大戸に「大」という字を書くわけだ。大戸とは、家の入り口の板戸だよね。もちろん障子戸もあるんだけども、その外側に板戸がついている。その大戸にまみが「大」と書いていたわけだ。後におふく

『宗教歳時記』（角川ソフィア文庫　二〇一〇）。初版は一九八二（角川選書）。

大師講　旧暦一一月二三日におとずれるというオダイシサマをぼたもちや小豆粥でもてなす日。東北地方などではこの日かならず雪が降るとか、虫がいなくなる日として、冬のおとずれを告げる日とも考えられていた。

ろなんかがやるようになったんだけど。「大」という字を書きながら、まみは「大師講虫供養　大師講　虫供養」って三回以上唱えるわけよ。

まだ解きされていないんだけれど、この行事の本質を理解するには、まず大師がまわってくるという点に注目する。大師講の大師は、静岡県では弘法大師と伝えているんだけれども、秋田、青森、岩手へいくと、大師さんは女の神さんなんだよ。子どもが一二人あるとかいうんだな。要するに、訪れ神であるわけですよ。それではなんのためにおとずれるのかというと、この家では収穫祭がしっかりできたかどうかをたしかめるためだな。「大」という字をね、その年の新米で書いているわけだから、これは収穫祭をやったというしるしなんですよ。

あわせて「虫供養」というのもすごいんです。「その日をもって、蝿がいなくなる」っていうんだよ。これはわたしが育ったところでもいうし、愛知県の東栄町でもいうし、佐渡でもいうんだよ。この大師講の日から蝿がいなくなると。つまり、虫供養っていうのは、完全なる季節の変わり目で、蝿とか蚊とかの昆虫類がもう全部いなくなるってこと。アブにやられようが、さんざん刺されて悩まされても、それを供養するというんだよ。日本人は「人がいい」「やさしい」と思います。

日本の先人たちは身近な小さなものに対しても目が届いていたんです。たとえば草木供養とか虫供養とかを考えるとね、日本人の自然観とかやさしさという土壌があって、仏教を非常にうまくうけ入れることができたのだとも考えられます。

わたしは、いま牛馬の本を書いているんだけど、牛なんかもね、克明に聞き取りを整理していると、牛の年中行事、牛の生涯儀礼がある。牛が生まれたらね、当然のようにオクドさんに連れてって炭をぬるとかさ、歩けるようになったら座敷にのせるとか、あるいは一週間経ったら荒神さんへ連れていくとかさ。仔牛をつれて荒神さんに参るところを想像しただけで、日本人のやさしさみたいなものにしびれちゃいますね。「金もうけをするために牛は健康にさえ育てばいいんだ」というのより、一歩ふみこんだものがあるような気がします。わたしは、そういう日本人の原点のようなものを、まみに教わっているわけです。

さきほどの年取り餅にしろ、節分の鉈餅にしろ、大師講・虫供養にしろ、大師講の本意にしろ、まみに教わったこと全部が、のちに自分が民俗学でつめていくときに、かなり大きい謎解きになっているわけです。

まみという人は、小学校もろくにいってなくて、字も書けなかった。字は自分でおぼえたんだよ。わたしが大学生のときに手紙よこしたんだもんな。まあね、非常に骨太で素朴で、愛情がふかいわけだな。自分の子どもは、自分でとりあげちゃってるからね。まみは、長男次男を「双松学舎」という私塾、牧ノ原台地を越えたかなり遠いところにまで通わせているわけです。つまり、旧家とか地主はね、学校に通わせて、やっぱりそれなりの村のリーダーになる教育をうけさせていたわけですよね。自分で字をおぼえて、自分で子どもたちの教育もちゃんとやって、村落共同体のなかで地主がやらなければならないことを教えて、長男・喜左衛門と次男・金次郎のふたりを双松学舎にやった。ここは修業年数が二年以上あったと思うから、金銭的にも楽じゃないと思うんだけどね。長男の喜左衛門には子どもが三人あって、その長男が茂で、次男がわたしの父の浩。このふたりは、榛原中学という旧制中学に入るわけです。私塾は、喜左衛門・金次郎の時代までです。その次にな

双松学舎　橋本孫一郎が、明治二四年に静岡県小笠郡小笠町猿渡（現静岡県菊川市猿渡）に設立した私塾。二宮尊徳の思想「報徳の教説」を重視した教育を実践した。報徳の教説とは、経済と道徳の融和を第一に考え、私利私欲に走るのではなく社会に貢献すればいずれみずからに還元されると説いた教え。

ると近代化のなかで段階的に旧制中学に進むようになる。地主・小作制度は当然否定されるべきものなのですが、日本の近代化を支えるのに、全国的にみれば地主階層の子弟がうけた中等教育・高等教育が一定の役割をはたしてきたことは否定できないでしょう。ムラのなかではそれがかなり機能していたと思うんですよ。まあそれはあえてここでいうことではないのですが。まあ、まみはそういう人でしたね。

子どもだったわたしはまみにずっとひっついていたね。ばあさんの手は、このようにしわで茶色の網の模様のようになっていた。いまでは自分の手があんなふうに網になっているよ。わたしはまみにちかくなってきたと思うよ。こんな小さいときにまみの皮膚とか顔色とかをね、観察してたんだよなぁ。それで、手の網のところをさわって、おもしろいなぁと思ってね。そういうことやってたんだよ。うん。

野本千代

父方の祖母は野本千代という名まえでした。明治二六年生まれ。これが喜左衛門の女房で浩の母。わたしのおばあさんですよね。この人は姑のまみとちがって知的で病弱、冬場は裁縫の師匠をしていました。『民俗誌・女の一生』のなかにも書いたけど、農村の裁縫の師匠というのは、一二月から三月までの冬場、農閑期にやるわけだ。自分の部落だけじゃなくて、隣部落とか隣村の娘たちも来てたな。全部で一〇人から一二、三人いたと思うんだけどね。子どものころ、その部屋に入るとな、こりゃすごいなぁと思って。その部屋にいくとね、ねえちゃんたちがね、「こんどあんた学校上がるの、だれと通うだ」とかね、自分の小字の子とか集落の子しか知らないわけだけど、「だれと一緒ね」とかね、いうわけだ。わたしはもうまいったんだよ。

それでね、二月八日には**針供養**をやるわけだ。そのときは、ごちそうを作ったり、針の供養をするんだけど。まあ針を豆腐に刺したんだと思うけど。その日は、「こっくりさん」という狐信仰にもとづいた占いをやるんだよ。それから唄をうたうんだ。そういうことをやってましたね。

千代ばあさんはわたしに「ホオジロの**聞きなし**」を教えてくれました。ホオジロは「チンチロイツツボ　ニショマイテ　ゴモンモラッテ　モトニシタ」って鳴いてるんだって教えてくれたんだけど、そのときは意味が通らなかったんですよ。しかし、わたしは暗記しちゃったんだ。山のアラコ（新開）の茶畑へ茶つみにいく途中だった。小学校に上がるまえか、上がってからだと思うんだけど変なことというなぁと思いました。高校のころ、思い出して考えてみても、筋が通らなかった。で、やっと筋が通ったのが、柳田國男の**「野鳥雑記」**を読んでからだった。柳田の示唆によって、わたしが祖母から聞いた聞きなしを修正すると「チンチロ　五粒　二朱負けて　五文もらって　元にした」になるんだな。

わたしは雨降りのときなんかは、千代にめんどうみてもらったのかな。幼いわたしにはだれと過ごすかという選択肢があったみたいだなぁ。それでね、明治の文学者・落合直文の**『孝女白菊の歌』**っていうのがあるんだよ。これを千代は知っていて、かなり暗記していたんだよ。

〽阿蘇の山里　秋ふけて　ながめさびしき　夕まぐれ

針供養　二月八日、針を供養するために豆腐やこんにゃくなどに刺す。

聞きなし　鳥のさえずりや虫の鳴き声などを人間の言葉におきかえて、意味のあるフレーズにしたもの。農作業のはじまりを知らせるものなど、民間暦を示すような実用的なものもすくなくない。

「野鳥雑記」　『柳田國男全集12』（筑摩書房　一九九八）に所収。初版は一九四〇（甲鳥書林）。

『孝女白菊の歌』　井上哲次郎作の漢詩「孝女白菊詩」に感動した落合直文が作った新体詩形式の詩。生き別れた父を探す旅に出た少女が幾多の苦難を乗り越えて父と兄に再会するまでの物語。初出は『東洋學藝雑誌』（東京社　一八八八）。

いづこの寺の　鐘ならむ　諸行無常を　つげわたる
をりしもひとり　門に出で
父を待つなる　少女あり

講談社の絵本にもなっていたんだと思うんだけどね。西南戦争で父親と娘が生き別れる話でね。千代はこれを、うたってくれたんですよ、ぇぇ。それで、わたしもこの内容は、そのころ絵本をみたりしておおかたおぼえて。千代は、わたしがある程度大きくなってからかなぁ。この人はそういうことをやってくれた人で、いろんな絵本を読んでくれたが、ちょっと病弱な人でした。

清水いと

千代の母親、清水いとは旧小笠郡佐倉村宮内（現静岡県御前崎市浜岡）にすんでいました。そこへわたしが三つくらいのときに、一か月ほど滞在したことがあったんだ。いとばあさんはまみばあさんのようなガンガン働いたたくましい女性とはちがって、体も細いし、ちょっと弱々しい感じがしたんだけど、やさしくて。縞の着物を着ていて、わたしと遊んでくれました。浜岡町宮内は、浜岡砂丘のつづきで屋敷の地面も砂地なんですよ。畑も砂地、屋敷も砂地。自分のすんでいるところは土だからね、これにはおどろいた。まみとも同行したことがあるんだけども、一山越えていくともう砂地なんです。

いとばあさんとの遊びというのは、ふたりで庭に穴を掘るわけだ。ただ穴を掘るだけなんだよ。そして水をもってきて入れると、じわじわじわ〜って色が変わって、穴がつぶれちゃうんだ。砂だからね。これが子どもにはおもしろくてね、あきることなくつづけていました。

それからだんだん自分が大きくなって、こんどはまみとともに佐倉村にいったりするときに、なぜこんなにちかい場所で、屋敷や畑地が土と砂とでちがうのかと。ちがうところで生活しているのかと。つまり環境の差というのかな、それを感じましたね。それがずっと尾をひいて、環境民俗学にもつながっているようにも思います。

鈴木みね

わたしの母親は、愛知県の一宮市大海道《おおがいどう》の出身です。いま郵便番号簿で調べると西大海道しか出てこないけど、大海道でいいと思います。わたしの母親の母親は、鈴木みねといいます。明治二六年生まれでした。まみ、千代、いと、それからみね、四人目のばあさんです。

みねのところには汽車でいくので、子どもにとっては大旅行でした。要するに母親の里帰りです。通常は名古屋にすんでいたんだけど、戦争で出身地の大海道に疎開していたわけです。もともとすんでいたところです。わたしが小学校一年ごろからいきはじめました。冬休みに汽車に乗って名古屋までいくと、おどろいたことに米原とか関ヶ原の方から来た貨物列車が雪をかぶっていましたね。これにはおどろきましたね。「なんだろう。そんな寒いのか」って。冬季にあそこを通るとそうなるんだよね。

それで、また民家の屋根の形がちがうんです。遠州も尾張もカヤ葺き屋根の寄せ棟造ですが、寄せ棟のいちばん上の大棟の長さが遠州では短くて反ってはいない。それに対して尾張の方は、大棟が長くて反っているんです。「これはおもしろいなぁ、なぜこうなっているんだろう」と。小学校一、二年で、わたしはそんなことを思っていたの。「おもしろいなぁ、やっぱこれだけちがうのか」と。

そうして、遠州は白味噌でしょう。ところが、名古屋や尾張一宮にいくと、赤味噌の味噌汁を食わされるんです。まずくはないけど、味がちがうんだよ。味噌汁がちがう。これにはまいってね。それから、言葉もちがうわけだ。トウモロコシのことを遠州ではトウモロコシ。尾張一宮は、コウライというんです。両方とも渡来系を強調した呼称だけども、子どものわたしには不思議だった。中南米をいえないから、知っている外国（唐・高麗）で示すわけですね。それからマクワウリっていうのは、遠州にもありますが尾張一宮にはマクワウリのほかにオチウリというのがあるんですよ。これは縞で丸いやつ。一段とうまいわけだ。ちょっと記憶がさだかでないんだけど、なかがオレンジ色だったかもしれない。こんなものがあるのかって。

それから、子どもを背負うとき着るのを、遠州では「アワイ」っていうけど、尾張一宮では「モリドギ（子守り胴衣）」です。子守り胴着のことだよね。子どもを育てることを「シトネル」といって、言葉がちがう。いちばん強烈なのが、ウチのなかじゃあんまり使わないのに、みねがわたしといっしょに外に出ていったとき、隣近所の人に話をするときには、「あのなも」って会話のなかで「なも」をつけるんです。「なも」とか「なもし」とかね。それで、もうちょっと自分が敬意をはらうべき人のところにいくと「えも」を使う。

寄せ棟造　四方向に傾斜する屋根およびその建物。全国的にふたつの傾斜をあわせた屋根をもつ切妻造の次に多く用いられる形式。

「あのえも、これえも、わたしの娘が静岡県からもってきたものですからすこし（どうぞ）」っていうふうに「なも」とか「えも」を使う。こういう言葉についても、終戦のときまでだから、わたしが小学校三年までに強烈な印象をうけていましたね。こういうものかと。

そうするとね、自分がすんでいる相良町と浜岡町では土と砂地、尾張と遠州じゃあもう味噌から、言葉から、屋根から、全部がちがうわけだよ。これはおもしろいぞということを感じましたね。汽車で天竜川とか大井川を渡るときなんか「なんてひろいんだ」っていう衝撃をうけました。やっぱりまぁ、そういうものが、民俗学とか日本の古いものとかに対する好奇心の原点だったと思いますね。旅の原点でもあるわけですよ。

渡部すい

わたしが大学生のとき下宿させてもらっていた渡部家の渡部すいさん。渡部すいの「い」は変体仮名の以を崩した「𛀆」です。明治三一年生まれです。このすいさんがすんでいたのは、東京都杉並区高井戸西というところです。もともとすいさんの出身地は、山形県西置賜郡《にしおきたまぐん》飯豊町《いいでまち》。あの人がうまれたところは田尻なんだけども、嫁いだ先は飯豊町の中というムラで、農家に嫁いだんです。ところが四〇歳で夫を結核で亡くしてね。それ以後、娘三人を女手ひとつで成人させたのです。長女はタイという名まえですが、この人は師範学校を卒業しています。だからすいさんはものすごく働いたわけだな。タイさんは師範学校を出て、山形で教員をやっていたけど、おむこさんをもらってね。おむこさんの英毅先生は、のちに小学校の校長先生になった立派な人格者だったなぁ。昭和二八年、高度経済成長の前夜だよね。東京は人口がふえてくるだろうから、東京には将来性があるというわけで東京に家を建てて、山形から東京へ転居したわけです。すいさんもそれについてきたわけだな。

わたしが下宿しはじめたのは昭和三〇年、そのころはまだ杉並区の高井戸西あたりは、武蔵野の面影がのこっていてね。鳩は鳴いてるし、林はあるし、まえは田んぼだしね。わたしが上京したころはね、井の頭線の線路のあっちもこっちも全部田んぼだよ。いまは全部住宅地だけどね。すいさんは、わたしがいった当時にもう腰が曲がっていたな。曲がるといってもね、腰と膝がゆるやかに曲がるといった感じでした。

すいさんは、東京に来てからもまだ畑もやるし、飯は釜で炊く。餅はふつうの臼杵で搗く。なんでも山形風でした。いちばん強烈だったのは、正月の雑煮で、ふつうの雑煮のほかに何種類も作るんだよ。納豆の雑煮、牛肉の雑煮。これにはおどろきましたよ。それも豪快でね、もうごちそうなんてもんじゃなくて、ドバッと出すんです。うまいんだよなぁ。それで、田舎から次女とか親戚の人が来るときは、柚餅子《ゆべし》をもってくるわけだ。そういう東北のお菓子とか食いものをくれるしね。わたしには山形県がものすごく身近になっちゃってね。

それにすいさんはね、日常会話のなかでかならず「～んだず」「～んだこて」と、こうくるわけよ。念を押すわけだね。わたしは四年間「んだず」と「んだこて」を毎日、聞かされて、そのほかの東北弁の言葉も全部おぼえちゃった。だから、東北の調査はぜんぜんこわくなくて、全部聞き取れるんだよ。日常的にすいさんとタイさん、英毅先生の会話に

柚餅子　柚子の果肉部分をくりぬいて、味噌やもち米、香味料などを入れてふたをし、蒸したのち、藁に包んで乾燥させた保存食で副食となった。ここにでてくる柚餅子は、胡桃柚餅子で和菓子の一種。

しょっちゅう山形時代の近所の町や村の話が出るわけだ。いちばん出てきたのは、小国町や長井町。しょっちゅうこんな地名が出てきたから、西置賜郡小国町には調査でたびたび入って、多くのことをまなびました。今年も去年も小国には入っています。

小国では、佐藤静雄さん（大正七年生まれ）の個人誌も書かせてもらいました。山形県は東北のなかでいちばん調査に入っていますね。いまわたしの最後のフィールドになっているのも東北です。

すいさんは、おおらかでまみとそっくりでした。大地の母というか、骨太であったかいんだよな。すいさんは、文字通り骨太の体格でした。いまもしみじみ思い出しますね。タイさんと英毅先生は、わたしのことを「寛一くん」とよぶんだよ。ところがね、すいさんは「寛いっつぁ」っていうんです。「寛いっつぁ、ご飯だ」「寛いっつぁ、お茶がはいった」って。もう、素朴であったかいんです。

結局わたしは、なんというのか「ばあちゃんの力」「ばあちゃんの愛情」に育てられてきましたね。自分自身は、非常に偏屈で自己中心的な人間なんだけど、それがだんだん軌道修正されてきたのは、こういうばあちゃんたちの力によってであり、民俗学をまなんできたおかげなんだと思います。現代の日本社会は、家族の様相も変化してはいますが、それぞ

昭和57年、渡部すいさんと英毅さんをたずねて
（東京都杉並区高井戸）

れに「ばあちゃんの力」がもっと発揮されてもよいように思います。

平成二六年の七月にタイさんが九二歳で亡くなりました。お参りにいってきましたよ。いまでも渡部家とはおつきあいがあります。

第3章 子どものころ

高校生の寛一とまみ、大伯父金次郎とその子どもたち
（静岡県牧之原市）

小作制度が生きていた

子どものころのことをちょっと話してみましょう。戦前の話です。わたしが小学校、正しくは国民学校の三年生の八月一五日に戦争が終わっています。そのまえは、農地改革がおこなわれていませんから、地主小作制度が生きていました。わたしの育った家はたまたま地主だったんですけど、子どもながらに非常にやりきれないことがいくつもありました。

そのひとつは、住居の構造がちがうんです。だいたい地主の家は、母屋が六部屋以上あるんです。小作の住居は田の字型の家でね。それで、たまたまある小作の家に、わたしより四つ年上で知的障害のある人がいました。その人は心が美しくてね。それで、「デイ」を非常に大事にしていて、「デイにやたらに入るな」ってよくおこるんです。たとえせまい家でもそういうモラルみたいなのがあってね。わたしの育った家にはふだん、だれも入らない部屋がありましたから、夏、その部屋に入ると足にノミが上がってくるわけ。「うちには使ってない部屋もあるのになぁ」となんかちょっとね、そんなこと思ったりしました。だいたい小作の家は、屋敷林がありませんから、冬になるとワラで風よけを作るんです。遠州は風が強いから、「シオリ」というんですがね。家の造りがいろいろとちがうんです。

そんななかでもいちばんこたえたのは、ある小作さんの家にいったときに、庭に風呂桶が出ていた。屋外に釜風呂の、いわゆるヘソ風呂というのがあったね。風呂の小屋とかはなくて外で入るのです。それをのぞいたら、寒天のようなものが浮いている。アカなんです。なん日も入るからね。つまり、そんな水を入れかえたりしている時間がないというこ

田の字型の家　四間どり民家のこと。座敷、出居（デイ）、納戸、台所の四間が田の字のように構成されていた。地方により部屋のよびかたはことなる。

屋敷林　風から母屋を守るために敷地内に植えられた木々のこと。風の方角、強弱など自然環境によって樹種や植えかたがことなる。ときに家の格差の象徴ともなった。

ヘソ風呂　鉄砲風呂などともよぶ。風呂桶に鉄の焚きガマをつけ、そこで燃料を燃やして、風呂を沸かす。

とです。奈良の吉野地方で聞いたことですが、山のムラで本当に貧しい小作さんの家では、燃料を伐りにいく時間がないから、大きい石を囲炉裏のなかに入れておいて、焚いた薪の熱がいったん石に伝わるからね。それで暖をとる。前近代的でした。日本ではそういうことやっていたんです。先にのべた小作さんの風呂はにおうし、ドロドロだし、子ども心にこの風呂はつらかった。そういうのをみるとね。とにかく、この風呂はショックでした。

もうひとつはね、端午の節供に小作さんの家にいったんです。柏餅をくれるっていうんでよろこんで食べたら、中身が味噌なんです。これは好みじゃないんだよね。小作さんの家では小豆のあんを作っている時間がないし、そもそも小豆も砂糖もとぼしいしね。

そういうことで、わたしの育ったムラのなかでも、どことどこが地主で、どこが自作、どこが小作ということが子ども心にもわかったんですよ。妙な気もちをたびたび味わいましたけど、ムラ全体としてはわりとおおらかでしたね。

柏餅　端午の節句に食べる行事食。柏は「炊し葉」が語源と考えられる。カシワやホオの葉などで、あん入りの粉餅を包んで蒸す。香りつけに効果があるが、ホオの葉やフキの葉を用いて作った田植えの際の儀礼食物ともかかわる。

飛行機乗りにならにゃいかん

小学校三年まで戦争でした。わたしの父親・浩は、日中戦争で戦死しています。わたしの誕生日が昭和一二年二月一四日で、わたしの父親が戦死したのが昭和一三年一月二八日。わたしが満一歳になってないですね。だからよく親戚や近所の人から「おまえの父さんは戦争で死んだから、かたきを討たにゃいかん」と、こういわれたわけですよ。わたしが育ったムラの背後は牧之原台地で、そこに大井航空隊の飛行場があったんです。だからなのか、みなが異口同音に「飛行機乗りにならにゃいかん、それでかたきを討て」とそういうわけです。わたしは子ども心にものすごくいやな感じがしました。戦争反対とかそういう思想的なことではありません。わたしは、自分が運動神経がにぶいのを知っていたんです。それでもう「飛行機には乗れんなぁ。いやだな」って感じがあってね。そのころは絵本だって全部戦争のものだったし、軍国少年とまではいかないけど、個人的に「かたきを討て」だの「飛行機乗りになれ」だのいわれるとね。

それとね、戦争中に学年べつに飛行機大会っていうのがあったんですよ。一年生は紙飛行機、二年生はキビガラを乾燥させたものを胴にして、翼は厚紙で作る。三、四年生は先にオモリをつけた木の胴に紙の翼をつけたもの。五年生がプロペラ、六年生がグライダーだったな。学年階梯制の大会になっている。高等科になると三角の胴に紙をはった三角胴という飛行機を作る。高等科で優勝した生徒は英雄です。「はやくああいうのを作りたい」ってみんなあこがれちゃって、もう英雄なんだよね。戦争だからよい生活ではないんだけどね。泳ぐ場所にしろ、山になにかを採取にいくにしろ、そういうことは村落社会のなか、子ども社会のなかでも、**年齢階梯制**がいろいろありましたね。子どものころの遊びも、四、五、六年になると活発になってくるんですよね。で、三年くらいだと上級生についてまわるわけです。村落社会のなかでもやっぱり年齢階梯制があってね。はやく大きくなりたいと思いました。海でもどこで泳いでいいとか。それにどういうふうに泳げれば一人まえとか。川のここで泳ぐのは何年生以上とかきまっていてね。四年生以上になるとね、「クビッチョ」というわなで、冬にヒヨドリなんかをとるわけです。「クビッチョ」って「首打ち」というのが語源です。ほかに、「ゴムカン」というパチンコでもとったなぁ。こういうことをやりながら育ちました。

年齢階梯制　年齢でいくつかのグループにわけて序列をつけ、先輩集団が後輩集団を統合しまとめていくこと。民俗学で研究対象になる農漁村部の若者組・子ども組などの社会組織がこの年齢階梯によって運営されており、日本における集団を統合する際の一般的な方法といえる。

それからもうひとつ。農地改革のまえ、戦争に負けるまえですから、「地主の家は、旧制中学に入らにゃいかん」といわれていました。わたしの親父の浩は、現役で旧制中学に入ったけど、浩の兄は浪人したと聞いていました。わたしは「算数はきらいだし、勉強はきらいだし。旧制中学は落ちるだろう」と、いやだなぁと思っていました。

航空隊と旧制中学、このふたつが、子どものころ憂鬱だった。子どもだからすぐわすれちゃうんだけど、時折そういう憂鬱な気分がおそってきましたね。そういうものを乗り越えてこられたのは、やっぱり読書・本だったね。わたしの母親は、その地域の中心地・相良町、田沼意次の城下町にある相良小学校で教員をやっていたんです。わたしの通っていた小学校は、もっと小さい在所の小さい学校でしたから、相良の小学校は規模も大きくて、図書室も大きいわけで本がたくさんあったんです。それで母親が毎日、本をかりてきてくれた。そんなのはすぐ読んじゃうから、わたしは毎日お袋が風呂敷に本を包んで帰ってくるのを、「きょうはなんだろう」とまっていたわけです。それで、本が好きになっていきました。家には祖母の千代の実家からかりていた『少年少女世界文学全集』があって、一年から二年、三年と、学年べつに編集してあるのをいつも読んでいました。とにかく、小学校のころがものをいちばん読んだだろうね。いま思い出すと、小学校五年の教科書に柳田國男の「火男の話」が出ていたように思います。ヒョットコだよ。ヒョットコの語源が火男というのがわかったわけです。おもしろいことを考える人があるんだなぁと思いました。それがずっと心に生きつづけていました。それが柳田國男との最初の出会いだったと思います。

火男の話　ヒョットコは、火吹き竹で火を吹く火男に由来するという。柳田國男「桃太郎の誕生」。『柳田國男全集6』（筑摩書房　一九九八）に所収。初版は一九三三（三省堂）。

要領のよい生きかた

わたしには、子どものころからその場をうまく泳いでいくというような、処世術のようなものが身につきつつあったんです。それでね、大学二年の一九歳の夏のことでした。わたしの父親の兄である野本茂（大正元年生まれ）から「要領のよい生きかたはよい生きかたではない。おまえは要領がよすぎる」といわれました。とにかくそれはなおさにゃいかんと。そういう主旨の教えをうけました。説教をくらったとか、おこられたわけじゃない。ちゃんと話してくれました。子どもじゃないから、理解できるわけですよ。

ところがその夏、父親の妹の亭主だから、血はつながってない叔父、神奈川県横須賀市にすんでいた畠山滋（大正三年生まれ）のところにたちよったとき、その人からも野本茂の言葉とおなじようなことをいわれました。おなじ年の夏に伯父と叔父からおなじ注意をうけたのです。これはさすがにこたえましたね。自分は要領よく生きていく要素をもっているんだとふかく反省しましたよ。ふりかえってみると、気づくところがいくつもあった。

そこでわたしは、論語のなかにある「巧言令色鮮矣仁（巧言令色《こうげんれいしょく》鮮《すくな》し仁《じん》）」という言葉を思いました。それを自分の座右の銘にしましたね。要するに、「人の顔色をみて、人のよろこびそうなことをいって世のなかを過ごしていくということは非常にまずいことだ。常に誠実さをもって人に接していかなければいかん」ということを一九歳の夏を機に自分に課しましたね。

だけど、いまだその要素はぬけきれていないのです。それは、「ほめ殺し」という言葉をわたしにいう人がある。複数の人からいわれました。いまそういわれるのは、いささか

巧言令色鮮矣仁　巧みな言葉を用い、表情をとりつくろって人に気に入られようとする者には、仁の心が欠けているということ（「論語」学而より）。

心外です。わたしは「要領」でいっているんじゃないんです。わたしは長く教員をやってきて、その人の長所みたいなものを本当に評価する癖がつきました。それでいっているんだけど、相手が「ほめ殺し」ととることがある。それはやっぱり、わたしに「巧言令色」の要素があるんでしょう。いまでも誠実にやらなきゃいかんと自分にいいきかせています。これははっきりいって、わたしには不誠実なところがあるからですよ。それはもう、いまだに自分をテコでこじていくようにして、誠実に近づけていくという努力をしています。それで自分をおいこんでいくと、自殺しなきゃならないようなことにいきつくことがいくつも起こるんです。

そういうときにどうするかというと、それに対して中国には「老荘思想」というのがある。いまいった「巧言令色鮮矣仁」というのは孔子の思想で儒教思想なんですが、老荘思想はその対極にあって非常に気楽なんです。まぁ、たとえば、「つまだつ者は立たず、またぐ者は行かず」という言葉が老子のなかにあって、つまさき立ちをしている人は長く立ってはいられない、不自然な大股で歩く人は長くは歩けないということです。つまり自然体でいかにゃならんという意味です。そういうふうにすると「夜暗くなったら寝にゃいかん」というわけで、いちいち自殺しなくてもよくなるわけだ。そういう考えを片方にもって、うまく自分のなかでバランスをとってやってきましたね。だから、その点は、若いときやった中国古典の勉強みたいなものが役に立っている部分があるような気がします。自分の人生は、こんなふうにやってきました。

そのうえで、民俗学の位置づけにもどってみると、日本の伝統とか、日本人の生きかたとか、日本人の伝承知とかを知りたいという願望がすごく強くて、日本の自然とか自然に対する庶民の知恵みたいなものに出会ったときの感動がすごくて、そういうもので救われて生きている部分があります。わたしのなかではいろんなものが錯綜していますね。

第4章　高校教員・野本寛一

高校教員時代の調査。背後は椿垣（宮崎県西諸県郡高原町）

内申書、通知表、進路指導、校務分掌……

わたしは高校の教員と民俗学の「二足のわらじ」をはく生活を長くつづけていました。想像いうまでもないことですが、高校の教員と民俗学の「二足のわらじ」をはく生活は、想像を絶するほど大変なものです。まず、なにが大変かというと、わたしは国語の教員でしたからね。現代文がある。これは小説、評論、詩、随筆、哲学から西洋文学までふくみます。それに古文がある。記紀万葉から江戸文学までの古典。それがひと通り頭に入らなければならない。それにあわせて古典文法もこまかく身につけることが求められる。またね、漢文もあって、孔子、孟子、老子、荘子、荀子、韓非子などの思想系のものを勉強していないと困ります。それから文学・陶淵明や李白、白楽天に、古いほうでは詩経。それがひと通りわからなきゃ、ダメなんです。それにもうひとつ、作文、小論文があるわけです。それも教えなければならん。ものすごい量と質を要求されているわけですよ。

生徒の目からみると、古文の先生であっても、教師の方では全部やるわけです。すこしは得意なことをやらせてもらえるわけだけど、ひと通りは全部マスターしなきゃならん。これは、容易じゃないですよ。文法なんて非常にこまかいしね。こまかいところまで正確に全部理解していないと、古典を正確に訳せないんですよ。古語に対する知識もふかめないとダメ。あしたの授業をやるために、教員はみんな、教材研究を前日の夜に家でやるわけです。学校なんかじゃやりきれないわけだ。息子がオヤジと遊びたいからひょろひょろくる。そんなもん、子どもと遊んでいたら、次の日の授業ができないから「むこうにいってろ」と。かわいそうなこともしたわけですよ。自分の子どもを育てるという意味からすれば、非常によくないことをしているんです。でも、高校の教員としてはそれでは通らない。しかも、副教材というのがあるでしょ。いまはコピーしていきゃすむが、わたしらのときには謄写版印刷っていうガリ版というのをやったわけだ。これは蠟ばりの原紙に、ヤスリ板の上で鉄筆で文字を書く。一枚仕上げるのに二時間くらいかかるわけですよ。それでも、わたしはふつう何種類もの副教材を準備していました。ほかの同僚もそうだったけれど、想像を絶するようないそがしさです。コピーはなかったのですから、当時は一枚一枚手刷りだったんですよ。そのうち、輪転機が出るけど、こんなふうに生徒たちに非常に愛情かけていたわけです。これがいいと思ったら、これをそえてみようというふうにやるわけですよ。それがけっこう大変でした。

高校教員時代の交流。小川国夫氏とその文学なかまたちと（静岡県藤枝市）

現代文、漢文、文法、古文がある程度できるようになるのに、わたしの場合、教師になってから一二年かかったんですよ、一二年。民俗学のまなびのためにピッチをあげて歩き出すのは教師になってから一二年後くらいなんです。だから、フィールドに出たら、ふらふら歩いちゃいられないわけだ。もちろん、一二年のあいだも歩いてはいたけどね。

一二年のあいだに考えついた理論に「教師板前論」というのがあります。高校の国語の教師に限ったほうがいいのかもしれないが、教師というのは、教材をどういうふうに分析して、なにをそえて生徒に提供すればいちばん身につくのかという判断を即座にしなければならない。教材をみたら即座に、「この教材には、あれとあれをあわせて、こういうふうにやってやろう」と判断できにゃならん。板前っていうのはね、「きょう金目鯛が入ったけど、最高の鮮度ではない。だからこれはこういうふうに調理する。調味料はどうする」と考えて仕事をする。それとおなじで「これはむずかしすぎるわ」とか「この漢文は日本の古文のこれとあわせると非常に理解がよくなる」とか自分の頭のなかに浮上してくるあらゆる知識・記憶を総合する。そして、即座に教材を構造化できるような力がつかなきゃいかんと気がついたわけですよ。わたしはね、そういう整理していく方法をたしかにするために、ふつうの勉強のほかに、形式論理学も自分で勉強しましたよ。

板前論というと形式にこだわるだけのような印象があるんだけど、こういうことがあるんです。国語の入試対策を批判する教員がいました。「あんなものはダメだ、もっと本質的なものをやれ」と。わたしは入試問題もとけない者は、古典も評論もしっかり読むことはできないんだと思っていました。生徒の感性とか思考力、人間性を高めていくというのはあたりまえのことなんです。学校というのは、単に技術をつけるだけのところじゃないんだから、人間性や感性を高め、思考力と分析力をつけるべきだなんてことはいうまでもないことなんです。さらに高校の教師がきびしいのは、学級担任の仕事がある。出欠の管理から、内申書、通知表の仕事、家庭連絡、生徒の健康管理まで全部しなきゃいけない。それにあわせて、校務分掌というのがあるわけです。たとえば生徒の服装や生活態度の善導をする係とか、時間割を作る係、進路のこと、図書館の仕事など、これらは校務分掌といってかならずなにかを担当するわけです。それに受験の季節になると、内申書を書くという仕事がすごく大変なんです。全員のぶんを書くわけだろう。わたしは、ある年、歯医者に通っていて神経をマヒさせる薬を入れていたのに、通院する時間がなくて、歯がダメになったことがあります。そのぐらい教員はいそがしいんです。

家庭訪問は民俗学フィールドワークの足がかり

教師はあたえられた仕事だけをすませていればいいというわけじゃない。生徒ひとりひとりのこと、家庭を理解していないといかんわけだ。そうでなければ、この子は将来、なにをやりたいのかとか、いまなやんでいるのはなんなのかということがわからんからね。一クラス四五人ぐらいだった。それでわたしは夏休みの前半に全員の家庭訪問をやりました。車がないんだから自転車でね。高校というのは学区がひろいわけですよ。わたしがまわっていたのは焼津市、島田市、藤枝市、それから岡部町、大井川町、そのほかにまだあるわけだ。遠くからも来ているわけだから川根方面とかにも全部自転車でいった。自転車でまわるというのはなかなか骨が折れることでした。大体半月かけてまわりました。家庭訪問をすませてからあと半月は、民俗の調査に出かけていましたね。

それで家庭訪問にいくと、親も生徒もよろこんでくれました。わたしは生徒の家にいくとかならず勉強部屋に入ったんだよ。入れてくれとたのみました。これがよかったと思います。生徒がなにを考えているのか、本当はなにに関心をもっているのかが、よくわかるわけです。模型飛行機だらけとか、アグネス・チャンの写真だらけとか、ものすごい鉄道の本がそろってるとかね。おのおのに個性が出ているわけです。もちろんそんなことは学校ではいいませんけど、進路指導のときなどに役に立ちました。家庭訪問というのは、生徒との信頼関係をふかめるきっかけにもなりました。生徒がどういうところにすんでるかということが全部頭のなかに入ってくるからね。「おまえ、あそこのあれはどうなってるんだ」とか「おまえのうちにあんなのあったじゃないか」とか。そうすると生徒が非常に親近感をもつわけです。

毎日、教材研究を夜中までやって、休み時間もガリ版切りに使う。苦痛なんてもんじゃないんだよ。いまの人じゃそんなことはできないよ。そのかわり、たとえば家庭訪問をやって生徒がよろこぶとか、親がよろこぶとか、じいちゃんとばあちゃんがよろこぶんだよ。わたしはじいちゃんとばあちゃんが好きだから、じいちゃんとばあちゃんと友達になって、そこで民俗学のまなびもできるわけだ。

具体的にいうと、これは焼津中央高校というところに勤めていたときの話です。担任していたクラスに市野さんという女の子がいてね。その子のおばあさんは、市野たけさんといいました。明治三五年生まれで大富というムラの人だった。その人から大井川上流部の本川根町などへ茶つみ娘として働きにいったときの話なんかをいろいろ聞いたわけだ。小学校を卒業して一四歳で茶つみにいくと、「おまえは今年がはじめてだから赤い腰巻きをしていけ」といわれたというんだ。赤い腰巻きは一人まえじゃないというしるしで、日当は八割なんだよ。そのおばあさんから、どの道を通っていったとか、ほかの人はどういう服装をしていたとか、焼津のおばさんたちはハデだったとかそういうことを教わったのです。いった先の食いものとかもね。そういうことを全部語ってくれて、それがわたしの財産になったわけです。

　ほかにも生徒の家に仲田要作さんという人がいて、出身は藤枝市の忠兵衛というところでした。これは江戸時代の人間の名まえだね。江戸時代にそこを開拓した人がムラの名まえになっているわけですね。要作さんは明治三三年生まれ。わたしがいくと、そのじいちゃんが地下足袋をはいて百姓やっているんだもん。元気なもんだよな。その人にもいろいろ教わったけど、そのうちのひとつだけ話すと、一二月八日の「コト八日」のことになりますね。

路傍での聞き取り調査（静岡県賀茂郡河津町）

　この地方じゃ、コト八日に「ツボハタキ」ということをやるわけです。「ツボハタキ」とはつぼ餅のことなんです。稲刈りをやって籾すりをやると、籾がこぼれるだろう。それをひろっておいて、搗いて粉にして、もち米と混ぜてお餅にするわけ。これがつぼ餅。だから餅の色がグレーなんだよ。これはあっさりしているからうまいよ。その「ツボハタキ」を二月八日に作って、臼だけにおそなえしたというんです。そしてこの日、くらしの大変な人が頬かむりをして顔をかくし、「お八日さん（お八日ともいう）をよんでおくんなさい」といって、門口にたった。もらう方は頬かむりして来る。家の人はつぼ餅をさし出すのに横をむいてあたえた。これはね、い

コト八日　二月八日と一二月八日のことで、仕事を休んで静かに家で物忌みをする日だといわれた。二月八日に一つ目の怪物が来るといい、これをよけるために目籠を竿先に掛けて軒先にたてるほか、針供養の行事もある。一方をコト始め、コト納めといって、新年に対する潔斎の期間だとする地方もあり、その意味については諸説ある。野本は太陽の力がもっともおとろえる季節にあわせて、太陽の再生を願うための物忌みの日だとしている。

わゆる「まれびと」なんです。この日の行事が、いろんな意味をふくんでいることを家庭訪問しながら教わったのです。

家庭訪問にはそういうメリットもあってね。その後も、わからないことがあれば「また来ました」といっていけるわけだ。それは『藤枝市史』や『静岡県史』をやるときに大変役に立ったんです。

これも家庭訪問にいって知りあった人だけどね。藤枝市下当間《しもどうま》というところに小沢重太郎さんという人がいました。明治三三年生まれです。この人がね、四月三日に「山行きと浜行き」をやってるんです。高草山とか、あるいは当目の浜へいったそうです。これは理屈をつければ、浜行きはみそぎです。そういうことをこの年代の人はやっているわけです。

このほか、重太郎さんは籾すり臼のことを話してくれました。臼の歯の板をカシの木で作るというんです。だから、家の屋敷林のカシの木を間引きしたときに籾すり臼の直径よりもっと大きく伐っておいて、専門の職人が来たときそれで籾すり臼を作ってもらったと語ってくれました。

新幹線で静岡から西へむかうとすぐトンネルがあるんです。安倍川を通ってトンネルがあって、そのトンネルをぬけたところから大井川の鉄橋を渡るところまでが「志太平野」なんです。かなりひろいんですが、その範囲をわたしは自転車でまわりました。四〇歳ぐらいだったかな。暑かったなぁ。そういうことがありましたね。

『静岡県史』 昭和六〇年度から平成九年度にかけて編さんされ、通史編七巻、資料編二五巻、別編三巻の計三五巻が刊行された。民俗は資料編三巻、別編（民俗文化史一巻）に収録。

山行きと浜行き ヤマアソビとかハマオリともいわれる。三月から四月の農事の開始にあたり、山へいったり、浜へいったりして、終日を過ごす年中行事。山などの高いところで神を迎えてともに飲食をする饗宴や、神を迎えるために海の水で身を清めるみそぎの意味もあった。

教員時代の民俗調査は弾丸トラベラー

高校に勤めているときは、わたしは日本民俗学会年会に一回もいったことがありませんでした。学会は土曜から日曜にかけてあるだろう。わたしが土曜日に学校を休めば、大体一五〇人ちかくの高校生が遊んでしまう。自習になるんだよ。そんなことはできません。だからわたしは絶対学校を休まなかったんです。だから民俗学会にはいったことがないんです。いまでもそのクセはついていますね。いまとちがって土曜日は授業があったから、なんとか授業ができるようになってからは、帰りのホームルームをすませたあと、泊まりがけで民俗調査に出たんだよ。当時は、焼畑の研究をやっていました。

野本は移動の電車で聞き取りノートを整理する（JR 飯田線にて）

土曜日曜の泊まりがけでいけるところは、東なら奥秩父・埼玉県です。西のほうだと石川県の白峰村。遠いですよ。これはどういうふうに入ったかというと、とにかく北陸本線の福井までいくんですよ。福井までいって降りて、京福電鉄越前本線というのがある。越前本線に勝山というところがあるんですよ。勝山から路線バスに乗ると谷という部落があります。その谷という部落の上に谷峠という峠があって、それをバスで越えると、放棄された桑畑が山にもどりつつありました。昭和五四年から五五年にかけて白峰村に入ったんだけど、養蚕はとうにおわっていたのです。だから桑畑が山にもどっちゃってる。だけど、よくみると、段々（畑）がみえるわけだ。これは桑畑だったんだなとわかるのです。バスはやがてもっと低いところに出て、白峰村に着くんです。

わたしが静岡県で教員をやったのは二五年間ということになっているんだけど、そのあいだに県立中央図書館に二年、教育委員会に一年間出向していました。昭和五四年というのは、ちょうど図書館の二年目の年だったな。次の年は、藤枝東高校にうつっているから三時間目の授業がおわってから、白峰村に入ってるんですよ。土曜日の授業がおわってからでも、京福電鉄とバスを乗りついで最短距離でいくと、最終バスで夕方、白峰村に入れるわけです。いまはバスは廃線になっていますよ。到着して旅館に泊まる。わたしにとっては貴重な時間だから、夜でも調査したいわけだ。旅館のおばさんにたのんで、「この旅館の近所にむかしのことを話してくれるおばあさんはいませんか」といったら、小田きくさんという明治二四年生まれのばあちゃんを紹介してくれました。

その人には、何回もいろんなことを教わりましたが、とくに民謡を教わったね。田植えの苗取り唄とか、子守唄とかいろいろ短いものを教えてくれ、「まだありませんか」といったら、「兄妹心中」の口説《くどき》節をやってくれた。いろいろ教わったなかで、いちばん感動的なものでした。当時で九〇歳を越えていたと思うんだな。きくさんは、「いいか、長いで」と何回も念を押しました。この唄は、すごい内容なんだよ。なぜそういうかわからんのだけど「出雲節兄妹心中」というんです。これは近江が発生の近江節ないしは、江州音頭だろうと思うんだけどね。うたうからちょっとメモして。

口説節　俗曲のひとつ。あわれな調子で心中や情話をうたうもので、庶民の娯楽であった。瞽女（ごぜ）などが三味線にあわせてうたうことも多い。

〽ひろい西京の片寺町に坂田本町でおどろき心中
兄は二一、その名はもんて、妹一六、その名はおきよ
兄のもんてが妹に惚れて、それがつもりて、ご病気となった
恋の病とは親たちゃ知らぬ、医者もよぼうか、介抱もしようか
医者も要らない、介抱も要らぬ
妹おきよが見舞いにあがれ、そこでおきよが見舞いにあがる
これさ、兄さんご病気はいかが、医者をよぼうか、介抱もしようか
医者も要らない、介抱も要らぬ、一夜たのむぞ、これ、おきよさん

これがずっとつづくんだよ。そして心中するわけだな。これを秋の夜ずっとうたってくれて。じっと耳をかたむける。わたしは、「こんなものがあったのか」としびれちゃってね。これは口説節なんですよ。小田きくさんはこれをどこで習ったかというと、白峰村にあった糸引工場でおぼえたというんです。その後、わたしは各地で「兄妹心中」の口説節を探索して、『言霊の民俗　口誦と歌唱のあいだ』という書物のなかに報告しました。時代と地方によって、いろんな兄妹心中があります。

このおきよさんの「兄妹心中」は、刀で心中するわけだけど、この口説のおもしろいところは、妹が「もうこれはダメだ」と思って、「わたしのカレシを殺してくれたら、一夜二夜でも三八夜でも相手する」と告げるところです。「わたしの男はこむそ（虚無僧）でござる」と告げる。それで兄貴の部屋を出てべつの部屋にいってから、妹は虚無僧の格好

をするわけです。またその格好というか着物の描写が詳細なのです。いまの若い人には、ぜんぜんわからんだろうなぁ。

つづきだよ。

〽いうておきよは一間に入る
髪も結うたり、お化粧もしたり、下に着たのが縮緬はだこ、上に羽二重、紅裏づけの当世流行りの丸うけ帯の、みえと回して矢の字に結び、印籠、巾着横っちょに下げて、長い尺八お腰にさいて、ふかい編笠横ちょにかぶり、瀬田の唐橋、笛吹き渡るキャッと一声、女の声が、編笠手に取り、顔うち見れば、かわいや妹のおきよ、ここで死んだら兄妹心中
西の西京にとこあんさん、名をのこす

これでおわるわけだ。当時は映画も、テレビもないしね。これが庶民の娯楽のひとつだったのです。

土曜日の授業がおわってからいっても、これだけの話が聞ける。その夜は、そこに泊まって、そのころのわたしの第一の研究対象は焼畑でしたから、白峰村のもっと奥、四キロメートルほど山奥にある苛原というムラの小字・長坂の出作り小屋が目的地なわけだ。その出作り小屋にすんでいるのは長坂吉之助さん（明治二八年生まれ）です。よく日は、その人をたずねていくわけです。秋の紅葉の最中、五キロメートルの道のりです。コナラ、

焼畑　山林や原野を伐採してから火をつけて焼き、その灰を肥料として作物を栽培する農法。四、五年で輪作し、その後休閑・放置して地力を回復させ、再び利用する。野本は、焼畑の土地選定から、焼きかた、なにを何年目に作るかなど焼畑の具体的な農法ばかりでなく、焼畑農耕に基づく食生活をはじめとする基層民俗や年中行事、儀礼等の上層民俗にいたるまでのさまざまな焼畑文化を集積、研究した。稲作文化圏に対して、焼畑文化圏があったことをあきらかにした。

長坂吉之助家の出作り小屋（石川県白山市白峰苛原：写真右上）、長坂吉之助さんご夫妻（写真右下）、長坂家の出作り小屋で日乾しされるトチの実（写真左）

ミズナラがあって、むかしなら焼畑やったところなんですよ。焼畑の適地なんです。そんな、車も通れないような道を下って、谷をいくつも渡っていくわけです。するとカヤ屋根がみえてくる。小さいなと思ったら、次にとても大きいのが出て来るんだよ。これが出作り小屋なんです。七間に四間の堂々たる三階建てです。仏壇もあるし、すべて日常生活ができるようになってるわけだ。そこに長坂吉之助さん夫婦がすんでいたんです。出作り小屋だから、何月何日に白峰の本村からここに入って、何月何日に出るというのを記録してあるわけです。なにを教わったかというより、焼畑のありとあらゆることを教わりました。焼畑作業のあるあいだは、この周辺でこの家を拠点として生活するわけです。本村から五キロメートルもあるからね。秋の景色をみて、五キロメートル歩くのはなんでもないけど、わたしはそこを往復してたずねていくわけです。吉之助さんに話を聞いて、吉之助さんはお酒が好きなもんで、お酒も一杯だけいただいて。たいへん温かい人で人格者だったな。

この家にいったら、焼畑の道具がちがうんです。そのあたりに縄文時代の石皿みたいなのが転がってるんだよ。「これはウサギの骨をたたく石皿なんだ」というんだ。まいったなあ。この人にはヒエを搗くときの「ヒエかち唄」もうたってもらったんだよ。ヒエかちの「かち」は搗くという意味です。

〽江戸の弾左衛門のよざかり見られ、
臼は七から、杵百丁、
七から臼が、臼が七から、杵百丁

こういう唄でヒエをトントントントンやったんだな。さっきのウサギの骨たたきもそうだけど。

これが高校の教員をやりながらでも調査のできる行動範囲です。その大きな感動――――。そうすればまた次もいきたいというのはあたりまえのことで、どんどんつながってゆくわけです。

さっきわたしが「教員は現代文から古文、漢文、文法まで全部やらにゃいかん」といったけど、そういうものは全部わたしの栄養になっているというのかな。たとえば『近代文学とフォークロア』という著書がありますが、あれなんかは国語の教員をやってなきゃ書けないものでした。井上靖記念文化財団の機関誌『伝書鳩』に、「井上靖の原郷、伏流する民俗世界」というのを連載しているんだけど、井上靖の作品のなかには自分が副教材に使ったものも相当あるし、かれの作品はほとんど全部読んでいますから、そういう意味ではやっぱり教員時代に勉強したことが、役に立っているなというような気もちもありますね。

入院中に構想した『生態民俗学序説』

わたしは順風満帆で来たみたいに思われるかもしれませんが、そうではありません。昭和五八年の七月二三日から徳之島へ入ったんですよ。これは、いまになって思えばハードな旅でした。二二日が終業式でしょ。その夜大阪で泊まって、飛行機で飛んで、徳之島へいってね。そのころイノシシの研究もやっていたもんだから、二三日の午後はイノシシ猟師に会って、民宿へ泊まった。夜も勉強に出かけました。話者の家で焼酎を出してくれる、ビールも出してくれる、保存しておいたイノシシも出してくれる。魚も新鮮なものを出してくれる。ところが、いつもおいしいビールがどうもその夜はおいしくないんだよな。「どうしたかな。調子悪いぜ。大阪でクジラを食べたのがよくなかったのかなぁ」などと思っていたんですけどね。そうして、その次の日、二四日は世界最長寿記録を作った泉重

昭和58年、当時世界最長寿を記録した泉重千代翁に粟栽培についてまなぶ（鹿児島県大島郡徳之島）

千代さんに会ったんだよ。このことは、記録があります。

「わたしが初めて黒糖酒を飲んだのは、昭和五八年七月二四日のことだった。それは奄美諸島の中の徳之島、世界長寿記録をつくられた泉重千代翁を訪ねた折のことだった。訪問の目的は、焼畑との関連で、粟をどのように栽培したか、その技術や儀礼を教えていただくためだった。ところが一二七歳と伝えられる（江戸時代の生まれです）翁の口から出た答えは、粟はほとんどつくらなかった。もっぱらサトウキビをつくらされた。というものだった。薩摩藩のプレッシャーは大きかったのである。」ということですね。

「定畑にサトウキビを栽培すれば、コウシャ（ヤマノイモ科の栽培種）、甘藷、里芋、若干の粟は焼畑に作ることになる。ソテツは半栽培で椎の実は天然の恵みである。（略）近代以降、カツオ漁の普及で鰹節の製造が盛んになり、カツオの頭は豚の飼料として力を果たした。泉重千代翁は仙人のように黒糖酒を楽しまれた。この折、盃を受けたのがはじめてだった。」

重千代さんに黒糖酒をそそいでもらったんだな。

「泉家を辞し、闘牛場へ向かった。闘牛大会に出場する牛がムラムラから闘牛場へ集まり、出場する牛を送って子どもも大人も鉦太鼓ではやしながら列をつくって進む。わたしもその列に入って闘牛場へ向かった。肩に重くのしかかるような陽射しだった。」

この日に悪寒があり、日射病だなぁと思ったんです。民宿に帰ったけど、もうまったく飯も食いたくないしさ。おかしいんだよね。これはまずいなと思って、近所にあった徳洲会の病院にいきました。そこでは日射病じゃなくてかぜだと診断されました。それじゃ、二、三日いたらなおるなぁと思って、二四から二八日まで五日間民宿に泊って、徳洲会の病院へ通ったのになおらないんだよ。これはおかしいぞと思って、二九日に飛行機で帰ることにしたんだよ。鹿児島の空港でも大阪の伊丹空港でも、アイスクリームを買ってそれで頭を冷やしてね。やっと家へたどりつきました。そして、藤枝市立総合病院の志太病院にいっても、医者はなにが原因かわからないというんだよ。院長が一生懸命診ても、肺がはれて、水がたまっているっていうだけで。これには困ってね。ようやく最先端の勉強をしてきた若い医者がやっとみつけてくれたんだよ。これは肝臓がうんではれてるから、肺を押しあげて肺がおかしくなっているってわかって。肝臓をなおさなきゃダメだということで、太い注射器でぶっすりと、うみを二本くらいとったんだよ。麻酔をしていないから、これがみえるんだよ。これでなおるだろうと思ったんだけど、なおらないんだよな。「これはおかしいぞ。親せきをよべ」ということにまでなっていたらしいんだ。親せきを集めたんだよな。家内はもしものことがあったら、子どもを親せき・兄弟にあずけようかと思ったとあとで語っていました。結局、八月五日に外科手術をしてね。徹底的にそのうみを除去したんだよ。それからだんだんよくなってきたんだけど。だいたい、二九日に帰って八月五日に手術だろ。悪くなっちゃてるわな。そのまえの二四日からずっと歩いていたんだからね。ふつう、死んでてもおかしくないでしょうね。若いからもったんだと思います。

わたしのこの病気のことは、作家小川国夫氏の小説「**手強い少年**」のなかに出ています。小川国夫氏は藤枝市在住の作家で、作品は高校の教科書にも出ています。「**手強い少年**」の関係部分を読んでみましょう。


「――初倉《はつくら》という所がありますね、これはさい果ての座《くら》という意味です、と高校の教師品田嘉一は地名考をしていた。

――あの辺がさい果てだったんですね、と小説家の柚木浩は言った。

――大井川のほとりが果てと考えられたんです。

――座とは何の意味ですか。

――神社です。

――初倉の神社を研究したんですか。

――一応当ってみました。……そう考えますと、西行法師の〈命なりけり〉と詠んだのが面白い。

――西行は何歳だったんですか。

――六十半ばだったでしょう。ああ、またここへ来てしまったと嘆じたんです。二回目でしたからね。

――………。

――〈命なりけり〉は西行のカデンツァじゃあなかったかな。」

小川国夫（一九二七～二〇〇八）静岡県藤枝市出身の小説家。古井由吉、黒井千次、後藤明生らとともに内向の世代の作家とされる。主題として、自然や神（キリスト）と人間とのかかわりをえがいた。『アポロンの島』、『逸民』、『悲しみの港』など多数の作品をのこす。小川国夫は野本の卒業した藤枝東高校の先輩である。

「手強い少年」『逸民』（新潮社　一九八六）に所収。初出は『新潮』一九八六年一月号。

作家小川国夫氏と母校藤枝東高校にて。中央は田島光平氏（静岡県藤枝市）

もちろん小説ですから、虚構もありますよ。つづけるとね。
「――僕はね、男には三浪までやらせますよ。

品田が強い調子で言ったので、柚木は瞬きしたほどだった。民俗学の研究にも倦くなき意気込みを見せているし、こうした教師は生徒の拠り所であろう。柚木にも頼もしい気分を起させた。……かつてこの人は休暇を利用して種子島へ出かけた時、急性の肝炎に罹って帰ってきたことがあった。市立病院へ入ったが、そこの医者たちが適切な治療法を知らないほどの奇病とのことだった。入院も長く、二箇月に及び、品田さんはいけないんじゃないか、という噂さえ耳に入ったのに、一旦立ち直ると、元と変わらないタフガイに戻った。

その飲屋で、柚木浩は品田嘉一の弱い部分に触れようとして、病気の話もしてみた。すると、患う肝臓を手で抑えて、真昼の砂丘を登って行く夢を見たことなども話した。白い砂丘のある海岸が、彼の故郷の村だった。しかしそんなことを話しても、言葉を裏切って、底から持ち前の活力が湧いていた。この押してくる感じは、彼に独特だった。」

八月五日に手術して、九月一一日に退院、一〇月二一日にようやく出勤したわけだ。そのあいだ、入院しているときに『生態民俗学序説』の構想がうかんだんだよ。手術直後はもちろんダメだけど、八月一〇日過ぎくらいからぼつぼつ考えはじめました。わたしがいま考えていることはすごいんじゃないかと思えてきてね。「これをこうしたらって。潮の満ちひきはこうなって」なんて、これまで各地でまなんできたさまざまな伝承を「生態」とか「環境」の枠組みで考えることができるのではないかと考えて、それを分析・整理してみました。

それで、退院後授業はちゃんとやって、二学期がおわりました。一二月二四日、また終業式の次の日に秋田へいっているんです。二四日に荷物を背負って出かけて、二五日に秋田県雄勝郡羽後町上仙道の武田宇市郎さんという最後の鷹匠にお会いしました。

「ごめんください」といってうかがったところ、武田さんは年賀状を書いておられたな。「タカのことを教えていただきたいんですが」といったら、「先生はタカを飼っているんですか。うちのタカは死にました」っていうんです。タカは鉄のオリのなかで飼われているでしょう。外を犬でも通ればかっと格子を刺す。それでやられちゃって死んじゃったというんです。

だけど、その日はタカのことタカ狩りのことをたくさん教わってね。タカ狩りとはタカにウサギをとらせて、人間がその獲物をいただくという猟です。鵜飼いだってそうでしょう。そういう人の営みすべてを調査しようと思いました。そのときは、まず鷹匠のところへいって、ずっと秋田を歩いてから、最後に茨城へいって、大洗磯前神社へいって一二月三〇日に帰ってきたんだけどね。ひどく無茶なことやっていたわけですね。

その後もつぎつぎと長良川の鵜飼いとか琵琶湖にかかわる環境民俗など、いろいろなところにいって『生態民俗学序説』の調査をしました。『生態民俗学序説』は学位論文となりました。こんなふうにわたしは順風満帆で来たわけじゃない。ほかにも調子の悪いときは、たびたびありましたが、そのなかでもこれは苦しい経験でした。

戦争は伝承の断絶を生む

わたしの民俗学の特徴のひとつは、「フィールドワークのなかで、ある発見をして仮説を立てる。証拠、事例、一次資料をなるべく多く集めて結論をみちびく」というかたちになっています。これは当然のことです。しかし、非常にきびしい時間のやりくりのなかで時間を使うものですから、おのずからハングリー精神がわくんです。「いった以上は勉強しなきゃいかん」ということです。めぐまれた研究環境にいる人のなかには、ハングリー精神がすくない人もいるように思います。土曜日の午後から日曜日にかけて、しょっちゅう民俗調査に出かけるなんていうのは家庭にしてみれば大問題です。

妻もいるし、子どもはおやじと遊びたいし。子どもは男の子ふたりだけど、兄貴が父親のぶんまでいばる。妻は「たまにはうちにいてくれ」というわけです。そんなとき、わたしがどう答えたかというと、「わたしのおやじはわたしが満一歳にならないときに戦死した。だから父親が生きているだけで上等だ」といってね。家はまったく妻にまかせて、わたしは歩きまわっていたわけです。いまふり返ると、これはやりすぎだったと思います。やっぱり家庭のことも考えなければいけなかったなと。妻には非常に負担をかけたなと思います。

わたしは子どものころね、「あなたはお父さんが戦争で死んで気の毒だね」とよくそういわれたんです。わたしはそういわれつづけて育ったわけだけど、あるとき妻にいわれたんです。「満一歳にならないかわいいわが子をおいて、戦地にむかった父親の気もちはどうだったのでしょう」と。これはなかなかこたえました。父親の顔もみたことがないもんだから、恥をさらせば、そこまでわたしの思いはおよばなかった。考えてみれば、わが子をおいて出征せざるをえなかった父親の気もちは、考えただけでもたえられません。戦争というものはそういうものです。

きのう、テレビで俳優の菅原文太と宝田明が「戦争は困る」ということをくり返し語っていました。戦争の傷あとというのは、ふかく長く潜在してゆくものです。たとえば、わたしは家庭サービスで自分の子どもをどこにもつれていってないし、野球教室についていってやったこともない。よくない父親なんです。父親像の伝承がないから「手さぐりの父親」だったわけです。そのわたしの子どもたちはかれらなりの父親観をもたにゃいかんわけだ。

戦争はさまざまなものを破壊しますが、「伝承の断絶」という大きな破壊があるのに、それはみえにくいものなんです。ひとりの人間が戦争で死ぬということはどういうことか。その妻と子どもが影響をうけるだけじゃない。孫もひ孫も影響をうけるわけです。考えなきゃいけない。だから菅原文太にしろ、宝田明にしろ、みんなが戦争のことを非常に真剣に語りはじめているわけです。それはかれらが自分のおかれた社会的な立場というものを自覚し、本当にもうあとがないという状況がものをいわしめたと思うんだけどね。以前はもっと先輩の、実際に鉄砲をかついだ人びとの体験が聞けたわけですがね。

第5章 フィールドワークは民俗学の原点

縁側にこしかけての聞き取り調査（沖縄県八重山諸島石垣島）

ネット検索できない膨大な資料が存在する

フィールドワークの魅力は、発見・初耳の感動です。そして、発見によるまた新しい問題への連鎖の発見。さらに調査地をふやすことによって、ひとつの小主題にかかわる素材の蓄積ができるということです。民俗学の最大の魅力・醍醐味・感動は、フィールドワークの展開から自分で得た一次資料によって、自分がたてた仮説が実証されていくところにあるんです。

事実を集めることによって結論をみちびき出す、つまり帰納法的に仮説を実証するためには資料の集積が必要です。Ａのムラではこうだったが、Ｂのムラではどうだろう。この地方ではどうなっているのだろう。ワクワクしながら行動範囲をひろげます。すると、そんななかでひとつの問題にいくつかの類型があることもわかってくるし、ほかのあらたな問題も発見する。フィールドワークは人との出会い、さまざまな環境との出会い、ものとの出会いでもある。多くのかたがたの生きかたをまなぶことにもなる。また、その地域が背負っている問題にぶつかることもある。いまの時代にあわせていうなら、インターネットでは検索できない、新しい資料にふれることができるのがフィールドです。

昨年、八月に井上靖の「幼き日のこと」という作品を読みました。そのなかに、クリの木につく「テグス虫」という毛虫のことが出てきます。クスサンというヤママユガ科の幼虫のことです。この毛虫から魚を釣るテグスがとれるので、テグス虫ともよばれているんですが、白い繊毛におおわれているので、「白髪太郎」ともよばれています。この虫のことをもっと知りたくて、フィールドワークのたびに各地でいろいろとまなんでいます。つ

「幼き日のこと」　『幼き日のこと・青春放浪』（新潮文庫）に所収。初版は一九七六。

テグス虫　クスサンともいう。チョウ目ヤママユガ科。その姿態からシラガタロウの名がある。クリやトチ、クルミなどに幼虫が大発生して葉を食いつくすこともある。

ぎつぎと新しい伝承を耳にするので、すっかり白髪頭になったわたしも興奮して、この虫を知るためにもっと各地を歩いてみたくてたまらなくなる。すでに、愛知県・長野県・岐阜県などをまわってきました。白髪太郎は土地によっては、「白髪童子」ともよばれ、アミのような不思議なマユを作ります。内発的なモチベーションはフィールドワークの基点です。白髪太郎がわたしの民俗学のなかでどのようにふくらんでいくのか。みていてください。

フィールドワークのなかで謎がとける

フィールドワークには次のようなこともあります。フィールドワークのなかで謎がとけることがあるんです。これはなんだろうと考えつづけてもわからなかった疑問が、だれかに会って話を聞いたとたんに、「あっ、例の問題はこれだったんだ」と、みんなが聞いて絶対なっとくできる定説になるようなことだったりもするんです。すごくたくさんあるわけじゃないけど、フィールドワークでの発見というのかな。そういうのがね。

たとえば、いちばんわかりやすい例でいえば「四万十川」。この川の名まえの語源は、ふつうではぜんぜんわからない。それから「コキリコ節」で有名な「コキリコ」。これはなんなのか、いままでほとんど説明できていないわけです。また、「アラキ」という言葉があります。こんなむずかしい言葉の語源がフィールドでだれかに会ったときにとけるわけです。

こうしたことがたくさん出てくるわけですけど、まずは「アラキ」と「コキリコ」「四万十川」の三つについて話してみましょう。

アラキ

『万葉集』に「アラキダ」という言葉が出てきます。アラキというのは新墾田、つまりあらたに開墾した田という意味です。そういうアラキの語源をとく鍵が話者の言葉からひらめくんです。

たとえば、神奈川県足柄上郡山北町玄倉、静岡県浜松市天竜区水窪針間野、長野県飯田市上村などでは、四年間つづける焼畑の一年目、すなわち開いた年の焼畑のことをアラキとよぶ。岩手県花巻市大迫町、それから静岡市葵区奥仙俣などでは、焼畑の一年目はアラク。新潟県東蒲原市上川村漆沢、静岡県加茂郡西伊豆町大城などではアラコ。これはみんな焼畑です。ところがですね、わたしの育った静岡県牧之原市松本では、開墾した焼畑ではない定畑《じょうばた》のことをアラコといったんです。開拓した土地ということはわかりますよ。でも、アラキダや焼畑のアラキ、アラク、そしてアラコ、これらはどういう語源だろうなってずっとわからなかったんです。

平成四年二月、石川県輪島市白米町へいきました。ここは、白米千枚田が有名で、棚田で稲作をするムラです。その白米町で日裏幸作さん（大正一四年生まれ）から、稲作の話を聞いていたときのことです。日裏さんは谷のあいだに作る田んぼの山田に対して、海に面している田のことをアラケ田とよんでいたというんです。この瞬間にわたしの謎がパッととけました。アラケっていうのは「アラアケ」だとね。田や畑、焼畑に関係なく「あらたに開けた」、「あらたに拓いた」っていう意味だとね。いままでの万葉言葉から焼畑の言

アラキダ　『萬葉集』巻十六　三八四八「荒城田乃子師田乃稲乎　倉尓擧蔵而阿奈干稲干稲志　吾戀良久者（新墾田《あらきだ》の鹿猪田《ししだ》の稲を倉に擧《あ》蔵げてあなひねひねし我が恋ふらくは）」に荒《アラ》城田《キダ》が、また、巻五　一一一〇には「齋種《ユタネ》蒔《マ》く新墾《アラキ》の小田《ヲダ》を求めむと、足結《アユ》ひ出で濡れぬ此川の瀬に」に新墾《アラキ》という言葉が出てくる。

白米千枚田　約四ヘクタールの範囲に一面あたりが約一八平方メートルと狭小な水田が一〇〇四枚作られている典型的な棚田。

葉までの謎が、これで全部つながるという経験をしたのです。これがフィールドワークのなかで、ある地方の、ある人の、ある発言を聞いたとたんに、謎がとけるということです。

わたしは、ひとつの言葉に疑問があったり、わからない問題があったりしたら、いつも考えているんです。それがどこかでだれかになにかを聞くとパッととける。言葉と生活の実態が連鎖するというのかなあ。文献ばかりみていたって感じることのできない感覚。これが民俗学の魅力でね。古語をとくべつにまなばなくても、フィールドから入ってくる言葉でとけてしまうこともあるんです。民俗学は日本人の庶民の文化とか日本人の生きかたとかいろいろ考えることのできる学問です。けど、それは部屋でいくら本を読んでも、歩かなければ実際を理解できない。いまのような問題は解決しないんですよ。

コキリコ

次は「コキリコ」。コキリコはリズム楽器です（付録40参照）。コキリコというと、こんな唄を知ってるかな。富山県五箇山のものだけど、

〽コキリコの竹は七寸五分じゃ　長いは袖のカナカイじゃ……

コキリコっていうのは、「コッペラ」と関係があると思うんです。コッペラっていうのは「コキヘラ」のこと。石川県小松市小原出身の伊藤常次郎さん（大正一一年生まれ）が集めた焼畑民具資料のなかに「コッペラ」というものがあるんです。穀物のクキを扱く篦《へら》です。それをみせてもらったとたんにね、わたしはコキリコの意味がわかった。コッペラ

ってコキヘラでしょ。コキリコとは「コキキリコ（扱き切り子）」なんです。つまり、ヒエとかシコクビエの穂を扱いて切る。メタケの切断面の一部をけずって竹を刃のようにするどくしたもので扱けば、穀物のクキは容易に切れるわけ。これを打ちあわせて音を出す。コキリコは、囲炉裏のススを浴びた屋根のスス竹で作るといい音になるんだよ。それで「あぁそうか、富山県南砺市上梨と石川県小松市小原とは白山をはさんでの両方のふもとだし、これはまちがいないなぁ」と思いました。

　ほかの楽器もクワガネ（鍬金）を使うとか、ササラを使うとかあるわけですし。チンチンカンチンと鳴らす、あれもクワなんだよな。ビンザサラっていうのも本当は害鳥をおうナルコなんだと思うんです。農民楽団の農具を用いた楽器のひとつに「扱き切り子」が加わったというわけです。

「コキヘラ」と「コキキリコ」「コッキリコ」。唄のなかに出てくる「七寸五分」という長さともちょうどピッタリあってるわけです。これをみたとたんに「おぉ」と思ったね。

四万十川

四万十川の従来の説をちょっと紹介すると、高知市椿原町に四万川《しまがわ》があり、べつに十川村があったんですが、これをあわせたというみかたがありますね。それから、四万八谷《しまんやたに》があるので四万十川といったとか。まぁこういう説もあるんですけど。

　わたしは熊野川の最後の筏師だった田辺市本宮町土河屋の中上喜代種さん（大正一四年生まれ）から、次の話を聞いたとき確信をもちました。

「熊野の山は大きく変わったが、変化したのは山ばかりでなく、川も大きく変わった。

「十万十川」と称して、江戸時代、一〇万石の木材を一〇回流したことがあったという……。」

一〇万石の木材を一〇回流したから十万十川というと。だから、そのときに土砂が流れ出して熊野川の河床が上がったといわれていると。これを聞いたとたんにね、四万十川っていうのは四万石の木材を一〇回流す資源があるという意味ではないかと思いました。川のよびかたでそういう呼称法があると聞いて、これはもうまちがいないと思いました。

こういうふうなフィールドワーク・聞き取りのなかで解決する具体的な問題がいくつもあるんです。いま話した三つのような「フィールドにおける発見」みたいもの。それに、いつ、どこで、何年に生まれただれに、聞いた話なんていうのはリアリティがあるんだよね。

もうすこしフィールドでとけた謎を話してみよう。環境民俗学に関する発見というべきものかな。

囃《はや》し田とテイックビョウシ

平成元年五月二一日、北広島市新庄の囃し田をみに、めずらしく谷川健一先生と出かけました。わたしは『稲作民俗文化論』をまとめる予定があったもんだからね、この囃し田をどうしてもみておかなければいかんと思っていったんですね。

平成元年四月一日にわたしは、山口県の岩国で「行波神楽」という神楽をみているんですが、岩田勝という神楽研究の大家に「新庄の囃し田をみたいのですが」と聞いたところ、「すごく観光化して衰退している」となげいておられました。だけど、「広島県の大朝町と

囃し田　太鼓や打ちザサラ、笛などで囃しながら、田植えを進め、稲の豊作を祈る田植え。地方により花田植え、大田植えなどとよぶ地もある。

谷川健一（一九二一～二〇一三）熊本県水俣市生まれ。平凡社退社ののち、在野の民俗学者として、とくに沖縄・南島文化をふまえた日本人の死生観等に重きをおき、独自の研究を重ねた。一九八一年日本地名研究所を設立。詩・短歌、小説など多彩な執筆活動もおこなった。二〇〇七年、文化功労者。一九八七年～一九九六年、近畿大学教授・同大学民俗学研究所長。野本を近畿大学の助教授に推薦したのは谷川である。著作に『南島文学発生論』『青銅の神の足跡』など多数。

行波神楽　近世以前から山

千代田町の囃し田（花田植え）をみたらいいだろう」とすすめてくれていました。それで、ずっといくつもりでいたんです。新学期になり、谷川先生にお会いしたところ、先生の方から「中国地方の囃し田をどうしても今年みてみたい」と話されたのです。囃し田によせる思いが偶然に一致していたのでありました。そこで、岩田氏の言葉をお伝えし、いっしょに広島に出かけようということになったんです。谷川先生は直後に熊本に用事があるとのことで、囃し田を午前中にみて、すぐバスに乗って熊本にむかわれました。

わたしは『稲作民俗文化論』をまとめる予定があったもんだから、囃し田に参加されたかたがたの直会《なおらい》の会場におじゃまして、囃し田の曲について質問したのです。直会の会場で勉強するというのは非常にやりにくかったけど、大朝町新庄のみなさんは「大塚のテイツクビョウシ」という言葉があるというんです。大塚というのは、おなじ大朝町のもっと島根県よりの県境の山のなかなんです。参考のためにいうと、大塚が標高四三〇メートル。新庄が標高三八〇メートル。千代田というところが二六〇メートルなんですよ。で、新庄の人の話を聞いていると、「大塚のテイツクビョウシ」というのは、大塚の囃しと田植え唄は他所より「テンポがはやい」ということなんです。

それでね、だんだんわかってきたんだけど、新庄の早乙女はひとりで植える幅（手のとどく範囲）が四尺なんだよ。千代田も四尺。大塚も四尺。それで、新庄は四尺のなかに八株。もっと下の千代田ってとこは六株かな。そうすると、標高の高い大塚はもっとせまくなるわけです。稲の分蘖《ぶんけつ》は、標高が高いほどしにくいわけだから、苗の幅をせまく植えなきゃならんというわけで、四尺のなかにより多くの株を植えるのにテンポをはやく刻まないと仕事が進まないというわけなんです。

口県岩国市行波《ゆかば》に伝承される神楽。毎年一〇月、荒玉社の秋の例祭で一二座の演目が舞われるが、七年に一度、錦川の河原に神殿が組まれ、一二座に加えて行波神楽特有の「八関」が披露されるなど、一四座すべての演目を奉納するに前夜祭から約一五時間を要する。

直会　神事がおわったあとの宴のこと。もとは神さまにおそなえしたものをまつりの主催者や参加者がともに食すことであった。

大塚のテイツクビョウシ　囃すテンポはふつう、テケツク・テケツクと拍子をとる。ケがアクセントになり、落ち着いた拍子になるが、テイツクテイツクと拍子をとるとアクセントがなく急いだふうになり、テンポがはやくなるという意味。

囃しかたの楽器はサゲサンという大太鼓と小太鼓、笛と鉦。それに唄をあわせて囃すわけだけど、大塚の囃しは新庄に比べてはやくてあわただしいというんです。

このときね、わたしはほんとうにショックをうけました。環境民俗学なんていうけれど、これほど環境が民俗に影響をあたえるのかと。田植え唄のテンポに環境（標高差）が影響をあたえているわけでグッときましたね。これは、『稲作民俗文化論』の四五五ページにも書いています。

わたしは講演なんかで、大塚と新庄の両方の田植え唄をうたうんだけど、大塚と新庄のそれぞれのテンポでうたっています。はじめにね、標高の高い奥の方、テンポのはやい方は、四尺の幅のなかへ九株植える。一〇株っていうのは多すぎるだろうからね。四尺っていうと一二〇センチメートルくらいだよな。そのあいだに九株ほど植えるのかな。とにかくはやい。ところがもう、それが八株になると、ゆったりだ。

〽ゆんべ来た夜這いどんが　赤い褌《ふんどし》よ　落といた
あ　落といたか　わすれたか　またも来んとて置いたか

って田植え唄のテンポが、標高が低くなるとおそくなってくるわけだ。グッときますね。だから新庄の衆がいうテイツクビョウシというのは、どうにもやかましいっていう意味なんだよ。環境民俗学は、こうした事実を積み重ねて体系化を試みなければならないのです。だからね、自然科学的に環境にかかわるものの概念規定を厳正にしさえすればよいというものではないはずです。

分蘖　イネ・ムギなどイネ科の作物で、地面に近いクキの関節から枝わかれし、株がふえることをいう。分蘖の数によって、収穫量がことなる。

沼田の嫁の条件

こうして環境民俗学は、すこしずつふかまってきています。それでね、さらに水田の例でいうと、こういうのがあります。静岡県富士市柏原。ここは富士・愛鷹《あしたか》の南にひろがる浮島沼のなごりがあった地帯です。沼地帯、湿地帯で水田を拓いたんだけどね。そこでこの話を聞いたのは、土屋りゅうさん（明治三二年生まれ）というかたからですね。

『稲作民俗文化論』にも書いてあるけども、その沼田で田植えすると、上からみたら田のなかに菅笠《すげがさ》がならんで落ちているようにみえたというんだよ。「菅笠が落ちていると思ってひろいにいこうと思っていたら、田植えをしていた」っていうわらい話があるくらいなんだけども。「田植えボッコ」という綿の紺の襦袢《じゅばん》を着て、縄を帯の代わりにして結ぶ。りゅうさんのころにはまだ下にはなにもはかなかった。ボッコは田渋《たしぶ》がついてすぐに赤くなった。ふかい田は胸まですっぽりつかるので、苗を植えて移動するのは大仕事だった。移動するときは、後ろに反り返ってのけぞるようにして、足を三回ほどまわして一気にぬくのがコツだというんですよね。土質のよい田んぼだとねちっこくてなかなか体が動かない、というんです。

こうした条件で一〇人くらいならんで競争で植えるというわけですね。ひと仕事おえると、田のわきを流れる小川で全身を洗って、かわいたボッコに着がえる。女たちは「（泥だらけだから）荒櫛でとかしなよ」などと冗談を飛ばしながら、着がえをしたという。うまい冗談をいうわな。

田植えは「イイガエ」つまり「結い」でおこなうので、一八日間も田植えがつづいたそうだ。何日も何日もこんな田植えをつづけると、体が冷えきってしまって、便秘がち、便

浮島沼　富士山・愛鷹山の南麓と駿河湾のあいだの湿地にあった大小の沼。東海道五十三次などにもえがかれる。海面との標高差がすくなく、たびたび冠水するため新田開発が困難であった。江戸時代を通して潮除堤がさかんに築かれてきたが、これが逆に排水を困難にさせた。

沼田　現在は、土地改良などでほとんどの田んぼが排水の容易な乾田となっているが、年中水のはっている水田を湿田という。そのなかでもとくに水はけが悪く、腰や胸の高さまでつかるほど深い水田を沼田とか深田といった。そのため、田植えしている早乙女の体はほとんど水田につかってしまうので、上からみると菅笠だけがならんで落ちているようにみえた。

秘がひどくなる。若い健康な娘でも便通が一日おきになる。結局、この地方では「嫁さんは家柄よりも器量よりも、背の高い娘がいい」って聞いてね。背が低いと余計に田んぼにつかってしまうからね。働きもわるくなるでしょうしね。ほんとうにこれはね、こたえましたね。深田という農耕環境が「嫁の身長」にまで影響していたのです。

こういうところでは、冬でも水がぬけないから、冬作に麦ができないでしょう。米を節約するためにかさましする麦がない。だからこう、シイナとかクズ米がすごく大事になってくるんだよ。こうして、環境と食いものとか、環境と労働とかっていう、重要なテーマをフィールドで発見するわけです。

ニーランの浜

これをちょっと読んでみてください。

「八重山諸島の中心に位置するのが竹富島である。島の西側にコンドイ岬と呼ばれる岬があり、その一帯は白砂の海水浴場でもある。コンドイ岬と西桟橋の中間あたりに「ニーラン石」という高さ一メートルほどの石があり、その石のある浜をニーランの浜と呼んでいる。現在、ニーラン石の周辺は岩盤が露出しているが、かつてこの一帯は白砂の浜であった。

上古、ニーランの国から神たちが数隻の船に乗って竹富島に着いた。そのとき、この石にとも綱を結びつけて上陸したと言われている。ニーランの神たちは、ニーランの国から穀物の種子を持ってきて、小波本御嶽の中にあるクスクバーの岡という小高い岡の上に登り、ハイクバリの神に命じて穀物の種子を八重山に配ったという（上勢頭亨『竹富島誌』）。

田渋　田んぼの泥汚れ。水あか。田んぼの泥汚れは洗っても落ちずに、赤茶色に染まったようになる。とくに沼田だと全身に田渋がついてしまう。

シイナ　籾殻だけの実のない米。「死稲」の意。規格外のクズ米とともに選別されて省かれるが、食べかたなどで区別した。

ニーラン　沖縄、八重山諸島において、海のかなた、とくに太陽が昇る水平線かなたにあるといわれている理想郷・常世をいう。そこから毎年神がやってくると信じられており、五穀の種子もそこから伝来したという伝承がある。ニーランの浜は、ニーランからくる神が現世に降りたつところだと伝えられる。

ハイクバリの神　穀物の種

竹富島に住む中里長正さん（明治三十八年生まれ）は、昔ニライの神が穀物を持ってニーランの浜へ着き、穀物を浜に置いたところ津波がきたので、島の真中にある小浜本御嶽の横のクスクバーにあげてから各部落に分けたと伝えている。また、竹富島で長くツカサを務めた崎山苗さん（明治二十六年生まれ）は、ニーラスクの神、カニラスクの神が海の彼方から持ってきてくれた穀物は粟・麦・大豆・小豆・クマミ（緑豆）・ゴマだったと伝えている。竹富は、畑作の島なのである。

竹富島では、毎年旧暦八月八日に「世迎え《ユンカイ》」という、豊穣・幸福を迎える祭りを行なってこの神話を再現している。八月八日午前六時すぎ、島のツカサたち、親方たちがニーランの浜のニーランの石の前に集まり、海にむかって世迎えの唄を歌う。ニーランの石は神の依り代である。（略）

このようにニーランの浜は、穀物伝来の浜として、神話の上でも、現実の祭祀の上でも聖地として生きつづけている。ニライカナイとは、普通、太陽の昇る東方の海上彼方にある理想郷だとされており、竹富島の世迎えの唄にも、「東から来る舟」と歌われる。しかし一方、ニールスク（根の底）から神が来るとも伝えている。さらに不思議なことに、竹富で神や穀物を迎える浜は西の浜で、西の方角にむかって祈るのである。これはいったいなぜだろう。（略）

ニーランの石の前に立ったとき、その謎が解けたと思った。ニーラン石の前に立って眺めると、なんとニーラン石→小浜島の大岳→西表島の古見岳が一直線上に連なっているではないか。（略）新城島の人々は一斗甕・四斗甕を刳り舟に積んで西表島から飲み水を運んだ。そして、西表で水田を作り、西表の山から建材を伐り出した。竹富の人々も西表島

を島々に配る神のこと。ハヤマワリともいう。早く配る神という意味。

世迎え（ユンカイ） 旧暦八月八日に竹富島でおこなわれる、ニライカナイから五穀の種子をもってくる神々を迎える祭事。火の種をもらったのもニーラン神からであるので、まつりをおこなう家には火の神の霊石が祀られている。

から木を得、西表に水田を作っていた。黒島や鳩間島も同様で、あの波照間島からも西表島へ水や木を求めにきた。」（『神と自然の景観論』）

　要するに、ニーランの浜、ニーランの石というのは、観念のニライカナイではなくて、現実の西表島の古見岳に象徴される西表島の水とか木とか水田とか、そのめぐみ、さまざまな幸をあたえてくれる場、その象徴たる古見岳をのぞんでユンカイ、世の幸を迎えるまつりをおこなってきたということです。

　さきに話した大塚のテイックビョウシと沼田の嫁の条件は聞き取りなんだけども、ニーランの浜は現場にたって現場を観察して島の人びとの伝承やまつりをみればわかるということなんです。あるいは生活の実態、たとえば西表島に水田を作り、ときには水をくみにいき、そして建築材料をとりにいくという、西表島に現実のめぐみの根源を感じることで竹富の西の方向をみて、まつりをおこなってきたのですね。

　単に観念としてニライカナイは東だと、そんなでは解決にならない。それなら東の方へニーランの浜とニーランの石をやりゃあいいわけで。ここにまぁリアリティがあるということです。フィールドで現実のくらしを実際にみてみると、観念どおりではないと、ここで発見したわけなんです。

第6章 展開するフィールド

檜原湖湖底には磐梯山噴火でしずんだムラがある
（福島県耶麻郡北塩原村）

川から海・山・島へ——自然のめぐみと脅威

大井川をはじめとして、どれだけ川にかかわるまなびをやっているかというと、四万十川をやっています。四万十川も下流から上流まで全流域をていねいに歩いています。天竜川もそうです。天竜川は支流が多いから大変でした。大井川、四万十川、天竜川の三本は、旅のかたちとして大井川とおなじ歩きかたをしました。

あとは、山形県の赤川、最上川、岩手県の北上川、秋田県の雄物川、栃木県・茨城県の那珂川、岐阜県から富山県に流れていく神通川、それから島根県・広島県の江の川、福島県の只見川。これらがサクラマスおよびサケにかかわる民俗調査研究のために入った川です。それから奈良県・和歌山県・三重県の熊野川、徳島県の那賀川。これらはサツキマスですね。サケ・マスにかかわって日本の河川流域をかなり歩いた。

そうでないのは近大のゼミ合宿をきっかけとして入った淀川水系の木津川です。これはこれで勉強になった。そういうようにして、河川流域の勉強をしました。川の旅をしたというのは大きかった。これは日本の自然を理解するのにおおいに勉強になっています。まず、大井川・四万十川・天竜川を徹底的にやったことによって「川のめぐみと脅威」つまり自然の両義性というものを理解することができました。たとえば川は灌漑システムとしてだけでなく、淡水魚類や川砂利・玉石をめぐみ、流通機能もはたしています。河原は耕地として、また親水空間としてもわたしたちの心を豊かにしてきました。そのいっぽうで、河川氾濫、洪水、山地崩落などとかかわる土砂災害で多大な被害をあたえてきました。河川氾濫への対応は、信仰心意的対応にもおよんでいます。これらは具体的なものをあげなきゃ意味がないんですね。そういう勉強ができました。

海は『海岸環境民俗論』という本で、北海道および東北地方をややおこたったけれども、海岸線を歩きました。日本の海岸環境の諸問題を意識化することができたように思います。山は焼畑でまわりました。川も山と連動していますからね。それから狩猟の伝承も相当聞いたんですが、これも山ですね。

あと島は沖縄では先島、宮古、八重山すべてまわりました。本島関係では久高島にたびたび通いました。ほかにもまわっていますが、粟国島と久高島が多いんです。隠岐島・対馬。伊豆七島では御蔵島、三宅島、八丈島。瀬戸内海では愛媛県と広島県の島しょ群にいきましたが、いってない島も多いです。五島列島は、北部を主に歩きました。奄美諸島もかなり歩きました。そうした島々を歩きましたけど、宮本常一先生には遠くおよびません。自然環境を考えるのに必要な地形環境的なところはかなり歩いたけれども、平地、水田地帯の歩きがたりません。たとえば屋敷林のことを宮城県ではイグネ、富山県ではカイニョといいますが、各地にある屋敷林のまなびのためには、歩きましたけれども十分ではありません。

ほかにもたとえば、京都府南山城盆地を歩いてみると、山からいちばんはなれたところでは燃料をどうしたかというとワラなんですよね。ワラはただ燃せばいいかというと、いちばん効率的に燃す結びかたがあるんです。非常にびっくりしたんですけど、わたしはそれを京都府城陽市のまんなかで聞いたんです。秋田県の横手盆地なんかでは泥炭です。山からはなれているから泥炭を燃料にするんです。そういう平地、水田地帯のことをもっと聞くべきなんです。ですから次の著作集『民俗誌・海山の間』のなかでは、平地のことを

燃料　ガスや電気のない時代、日常の燃料の調達は、くらしのなかで重要な仕事であった。山が近いムラでは、入会地などでマキやシバが手に入ったが、調達できない地域では泥炭やワラなどさまざまな燃料を用いた。基本的にワラはワラ製品など用途が多様なため、燃料にしないことが多い。

泥炭　比較的気温の低い沼地でできる泥状の石炭。植物や微生物が堆積し、濃縮しただけで作られるため、質は悪いが燃料として使用されることがあった。北海道や秋田県など気温の低い地域だけでなく、例えば琵琶湖では、葦の群生地で根元にたまった泥や周囲の植物がスクモとよばれる泥炭となり、燃料として使用されていた。

あつかいます。

生きた民俗の総体をみる――村に入るときは謙虚さがいちばん大切

いままで紹介したのは、地理的環境的なことだけです。こんどは質的なことでいうと「まつりと芸能」の調査・旅があります。民俗学のおもしろさは、人体のすみずみまで血が通っているにように、生きた民俗の総体をみるところにあるんだと思います。

まつりと芸能というのは非常に重要で、これは村とか町の人からみれば、祈りの日であり・ハレの日なんです。見物ならいいけど、当日いろいろ質問をしたり、写真を撮ったりするのは闖入者なんだよね。じゃましにいくわけです。まつりの場はそうだけど、家にしてみても、子どもや親せき、お客さんが来るんです。だから、そんな日に他人がどさどさといけるわけがない。これは直会もおなじです。

たとえば、神社で写真を撮るときに許されないアングルというのがあるんです。神のみるべき視線からのアングルなんて撮っちゃいけないんです。

わたしがまつりとか芸能に関して勉強する場合は、祭日は当然として、祭日以外の平日、しかも漁村・農村の漁閑期・農閑期に重ねて訪問するように心がけています。いまは社会全体がおかしくなっている。たとえば、花祭りで非常に有名な愛知県の東栄町月にわたしは四〇年くらいまえにいったんだけども、観光バスが来るんです。まつりをみるマナーもぜんぜんわからない人がただ観光バスで来て、手帳を出してメモしたりしている。ムラの人にとっては年に一度のおまつりなんです。そこで、ある青年が「来てもらわなくてもい

花祭り　愛知県北設楽郡を中心に奥三河に伝わる霜月神楽のこと。釜に湯を沸騰させてそこに笹を入れて周囲にふりまく湯立て神事を中心として、仮面をつけた舞・素面の舞などが夜中から夜明けまで演じられる。巨大な鉞《まさかり》をもった榊鬼の反閇は広く知られる。

修正鬼会　五穀豊穣を願う修正会と、大晦日の夜に鬼をはらう追儺《ついな》が混合した鬼のまつり。松明をもった鬼が境内や村内をまわる。

いよ」とつぶやいていました。それは非常に心にのこっています。

それから、大分県の国東半島、天然寺（豊後高田市）の修正鬼会にいったことがあります。これはお堂がものすごく混んで、外来者ばっかりでムラの人がみられない。ここでも「来てくれなくてもいい」といっていました。わたしも基本的には拒否される側のそういうひとりで、常に闖入者であることを自覚し、あくまでも謙虚でなければならないと思います。だからいくときには、集団でいっちゃダメだということです。そうした心得をしていかなきゃ。観光にいくとか、みにいってやるとかそういう視線をもっちゃ絶対にダメです。宮崎県椎葉村の神楽では、おまつりですからお客さんにはふつうごちそうを出してくれるんですけど、マナーの悪い外来者に村のかたがたまりかねてしまってね。会費のようになにがしかのお金をはらってみてくれたかたにだけ食事を出すというムラもあります。当然でしょう。心配りが必要なんです。わたしが「来てくれなくてもいい」と聞いたまつりは、愛知県東栄町月の花祭りと、大分県の修正鬼会でした。胸がいたみました。

それから、沖縄ではね、西表島の古見アカマタ・クロマタをみました。当然ノートもとれない、写真も撮れない、話をしちゃいかん。そういうことを求められます。神聖なまつりの場ですから、当然のことです。それから、石垣島の宮良のアカマタ・クロマタでは、昼間、おまつりのはじまるまえに広場へ下見にいったんです。カメラをもって。そしたら注意されましたよ。カメラをもたないでくれと。神さまを迎えるおまつりだから当然ですね。

静岡県磐田市の矢奈比賣神社の大祭。見付天神裸祭ともよばれています。このまつりでは旧暦八月一二日、零時一〇分に境内社の山の神神社のまつりをおえて、山の神神社のま

古見アカマタ・クロマタ　沖縄県八重山諸島に伝わる仮面草衣の来訪神。豊年を祈願するために神を迎える神聖なまつりであるため、撮影や録音はおろか、まつりの詳細も秘密にされている。アカマタ・クロマタの「マタ」は「ムティ」すなわち「面」のことである。

見付天神裸祭　国の重要無形民俗文化財。静岡県磐田市の矢奈比賣神社の大祭。毎年旧暦の八月一〇日にあわせて、祭事始めから浜垢離・御池の清祓い・例祭・裸祭・還御斎行までを八日間にわたっておこなう。例祭の鬼踊りや腰蓑の裸祭りが有名だが、出御した神輿が淡海国玉神社に着御するまではマチ全体が消灯して、忌籠る（慎む）信仰は注目される。

えから花火にあわせて神輿が下るんです。そうすると氏子および町民は、全部電気を消して慎むことになるわけですね。もし電気がついていれば家をこわされる。当然ですね。慎んでないわけだから。本土にこんなおまつりがあるのは「うれしいなぁ」と思いました。これは昭和五〇年代の話だけども。もちろんカメラのストロボなんかたきませんよ。ストロボのガイドランプをつけていただけでなぐられましたからね。これをわたしは「本土でここまでやるのか」とむしろうれしいと思った。沖縄のまつりはきびしいものですが、テレビとか研究者とかが土足で闖入するような入りかたは絶対に許されないことです。

京都府木津川市山城町平尾の涌出宮「居《い》籠《ごもり》祭」もそうですね。「モリマワシ」という神事に、モリマワシ役が大鈴をつけて山から下ってくる。ムラびとたちは、その鈴の音を聞いて神が降るのを知るんだけれども、戦前までは戸口にコモをたらしたといいます。つまり慎んで忌み籠ったわけだから「居籠り」になる。あのまつりは重要です。まつりの本質を示しています。手のとどく過去まで日本人がそういうまつりのありかたを守ってきたのに、それを平気で土足でふみにじるようなことをしてはいけません。まつりを凋落させますからね。いまはまつりを単なる観光とか、情報の素材にしてしまう傾向がみられますから非常にまずいと思います。

わたしが通ったまつりは奥三河の花祭り。それから、水窪の西浦田楽《にしうれでんがく》。花祭りは「さむい、けむい、ねむい」っていうんですよね。「花ぐるい」という言葉も使われたくらい、夢中になって通う人もいたんだけれども、飯田市美術博物館の学芸員の櫻井弘人氏は「このごろ学生をみかけなくなった」といいます。

そのほかでわたしがみたものとしては、全国の田遊び、それから三信遠国境山地に伝わ

居籠祭　京都府木津川市涌出宮で二月中旬におこなわれるまつり。山から神を迎えて聖地をめぐりつつ、里にいたる「モリマワシ」神事のあいだ、住民は一切音をたてずに忌み慎んだ。「音無し祭」ともいわれる。

西浦田楽　静岡県浜松市天竜区水窪町西浦の所能山観音堂で旧暦一月一八、一九日に徹夜でおこなわれる修正会の結願行事。猿楽・田楽・能などが演じられる。「田打」「種蒔」「水口」「鳥追い」などの稲作の所作を模倣する田遊び系演目もふくまれている。呪師系の儀礼もあり、全体として荘重な民俗芸能である。

飯田市美術博物館　長野県飯田市立の美術館兼博物館。飯田出身の画家・菱田春草の作品のほか、伊那谷の美術・自然・歴史・民俗を紹

る鹿うち神事、椎葉神楽、銀鏡神楽、ナマハゲ、カセドリ、そのようなものをみてきましたね。これらは非常に勉強になりました。環境や生業をやるようになって環境民俗学にぐっと傾斜したんだけれど、まつりや芸能はそれに豊かなふくらみをもたせますよ。環境民俗学は自然科学ではありませんから、それでよかったなと思いますね。

わたしも沖縄のおまつりとか、磐田のおまつりでした経験なんですが。櫻井満先生はまだ沖縄が本土に復帰するまえ、沖縄にいってるんですよ。それで、ある島のおまつりにい

夜祭り、蛭ヶ谷の田遊び調査（静岡県牧之原市蛭ヶ谷：写真左上）、花祭りの榊鬼（愛知県設楽郡東栄町古戸：写真右上）、西浦田楽の面（静岡県浜松市天竜区水窪町・西浦観音堂：写真下）

介する。柳田國男の書屋を移築した柳田國男記念館は付属施設。柳田の業績を紹介する「展示室」、著書がならぶ「柳田國男記念室」があるほか、柳田國男記念伊那民俗学研究所の活動の拠点となっている。野本寛一は、二代目所長をつとめた。

鹿うち神事　田畑に害をもたらすシカやイノシシをスギの葉などでかたどり、弓矢で射る行事。三河、信濃、遠江地方の国境である山間部に伝わる神事で、狩猟要素と害獣追放をふくむ農耕予祝要素が複合している。

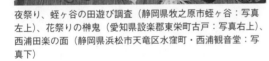

ったときに「ノートをおあずかりします」と、おまつりのことなんか書く必要がないとノートをとられちゃった。「カメラをおあずかりします」とカメラもだ。次は「お眼鏡をおあずかりします」とみる必要がないという意味だね。その次は、どんぶりに泡盛が出てきたそうですよ。つぶす気ですよね。櫻井先生は、お酒が強いもんだから泡盛を飲んじゃって

山の神まつりの野宴で民謡をうたう
(鹿児島県肝属郡大隅町)

からも、まじめに礼儀正しくみていたそうです。そうしたら村の衆が本当に信用してくれたらしいのです。そして、だいぶん時間がたってから、「先生、うちではパイナップルを栽培しているんですが、おそなえするのはアワなんです。パイナップルをそなえてはダメでしょうか」と質問されたっておっしゃっていました。「もちろん、アワといっしょにおそなえになってけっこうでしょう」と答えたと。まぁ、信用されたわけですね。櫻井先生からそういうまつりの本質についてきいていたのが非常に勉強になりましたね。櫻井先生はおまつりのことも、神社のことも非常にくわしいものですから。たとえば神社に正式参拝するときに玉串料を納めることや、おまつりの勉強にいくときは祝儀をもっていくもんだとかいろいろと教わりました。

まつりはムラのためのものなんです。ムラへ入っていったときの謙虚さみたいなものは、

いちばん大切な基本じゃないかな。どんなに人相が悪くたって謙虚ならば、うけ入れてくれるんですよ。

すっぽぬける調査――あとから気づく聞きのがし

わたしはいま牛馬についてやっていて、もうまとめに入っちゃっていますが、膨大なものなんです。たとえば馬ということを考えても、人と馬との生活は古代からずっとつづいているでしょう。戦国武将は乗る。日本の帝国陸軍は騎兵にも運搬にも使いました。農民も使う。みんな関心のある側面がちがうんです。考古学で出土した馬の埴輪とか、貴族が乗ったとかいろいろ問題がありますが、わたしなんかよせばいいのに、『牛馬民俗誌』という本を出そうとしているんです。馬か牛、片方だって大変だよ。だけど考えてみたら、まだ数えてないけど、わたしは牛馬を飼った人一二〇人以上と会っているんです。なにかを知るために二〇〇人なりに会う根気があるかどうかです。

一生懸命歩いて、聞いて、あることがスカーンとぬけていることにあとから気がつく。どうしてもぬけちゃうんだよね。たとえばこれはなににつけるも

『牛馬民俗誌』の調査で馬とたわむれる
（島根県隠岐郡西ノ島町）

のかわかりますか。これは轡《くつわ》といって、馬にかませるものです。こちらを東北地方では、鳴り輪というんです。これは仔馬用で、親のはこんなにでかいんだよ。直径二〇センチメートルはあるんだよ。重さも二・五キログラムもあって、重いんです。こんなことすら研究はゼロなんです。しかもむかしはこんなものはどの家の馬でもつけていたわけで、だれもが対面していたわけですよ。だからね、たとえば馬は何月に放牧して、何月に家に入れてというのには関心があるじゃない。でも、これらの馬具について、こまかい聞き取りをしてはこなかったのです。知っていたけど聞いてこなかったんだなぁ。スカーンとぬけている。

近畿大学の民俗学研究所での課題、飯田の柳田國男記念伊那民俗学研究所の調査、それ以前は地方史誌類の民俗編の仕事などをそのつど誠実にやってきたことも一次資料の集積に役立ったように思います。

第7章　時間はとめられない

かわらない調査スタイル（福島県大沼郡昭和村）

資料・情報提供者の死

インフォーマントとの別れがあるんです。たとえば、沖縄県の竹富島に生盛太良という人がいたんです。明治二六年生まれのかたです。その人にわたしがいちばんはじめに会ったのは、昭和五七年八月六日でした。そのときになにを聞いたかというと竹富島で焼畑をやったかいなかを聞いたのですよ。「やった」とのことです。「キイヤマ」というんだと。それでね、「どういうふうにやったんですか」と聞いたら、ハブはいるし、それから木はジャングル状態でしょ。要するに森のなかに入れないわけです。だから、「いきなり森に火をかけたんだ」と教えてくれました。ハブはまぁそれで死ぬかにげるかですね。それで小さい枝が燃えるから、火が消えてからこんどは女の人が入って、太い木を薪にとるわけだ。そのあと、細い木をもう一回焼いて、そこを耕して焼畑にするという独自な方法があったことがわかりました。ハブがいるからいきなり火をつけるなんてことは、本土じゃまったく考えられない。これはすごいなぁと思いましたよ。ひとりの人にそう長時間いろんなことをめちゃくちゃたくさん聞くわけにはいかない。まぁ、いろいろと教わりましたけどね。「じゃ、次はまた冬休みにお願いします」といって、おなじ五七年の一二月二四日にふたたびうかがったんです。そうしたら太良さんは亡くなっておられました。八月一八日に亡くなったっていうんだな。わたしが会ってから一二日たってですよ。これは非常にショックでした。これは民俗学をまなぶ者の宿命なんです。人間的にも非常に立派なかたで、またいろいろと教われると思っていました。大変なショックのなかでお参りして帰ってきたんだけど、生盛さんからはもう二度と聞けないわけですよ。

新潟県中魚沼郡津南町大赤沢、秋山郷です。石澤政市さん（明治三六年生まれ）のところへも通いました。一回目は魚のサクラマスのことを聞きにいった。鈴木牧之の『秋山記行』のなかに、滝に網籠をかけてマスがはね上がって落ちてくるところをとったことが出てきます。この漁法について聞いてみたいと思ったのです。それをやっていたのは、結束《けっとう》というムラなんです。ここは大赤沢の手前です。この結束というムラにいってだれかに聞こうと思っていたら、道路の下の民家に花輪があるわけだ。きょうはあのお宅のお葬式だ。「せっかく来たんだけれど、きょう、この村へ入るべきではない。滝があるのは結束だからマスのことは聞けないな」と思って、次の大赤沢でむかしのことがわかる人がいるかと聞いたら、石澤さんがくわしいと教えてくれました。

　これはちょっと書いてあるものを読んだほうがわかりやすいな。

「石澤政市さんは、明治三六年二月三日、現津南町大赤沢の石澤家で生まれたのだが、母は肥立ちが悪く、そのまま亡くなった。「わしゃぁ、不幸な子で」と政市さんは身の上を語る。この地にはこのような場合、乳養子と称して乳母の家に養子に入って育ててもらう習慣があった。政市さんは四キロメートル下った上結束の滝沢家で育てられ、二一歳のとき、大赤沢の石澤家にもどった。」

　乳養子というすごい制度があるわけですよ。石澤さんは、マス漁のことは、その家のじいちゃんにつれられてみたというのです。子どもが滝に落ちたら困るもんだから、こう腰に綱をつけられて、マス漁をみたわけだというんです。だから、マス漁のことを全部知っていて、その様子を語ってくれました。そしてトチの実についても教わりました。

「正月にはトチ餅をついたが、平素はアンボだった。」

アンボはふつう、粉食系、粉を練った練食。要するに団子です。

「なかにアンやつけものを入れるのだが、それらを入れない団子状のものもあった。」

アンボというのは、アンだからほんとうはなかになにか入ったものをいうんですけどね。

「政市さんによると、大正から昭和初年にかけての食生活は、朝食＝アンボ、昼食＝アワ飯、夕食＝アワ飯またはカユだった。カユはアワ七〇％に対して、ヒエ三〇％ほどだった。なかでも朝食のアンボは、六月から九月まではヒエの粉だけのアンボだという。」


こういう調査をしなければダメなんです。なかでも朝食のアンボは六月から九月まではヒエの粉なんだな。逆にいえば、一〇月からよく年の五月まではトチアンボだった。トチアンボといっても、トチの粉七〇％とヒエの粉三〇％の比率だった。ちゃんと雑穀と採集食物とがここで合体しているわけだな。だからわたしが「複合」というのはここなんです。こういうところが複合なんですよ。夏期にトチアンボを食べないのは、夏のトチアンボは苦味が強くなるからだというんです。保存するには、箱のなかにワラを敷き、正月まえに作ったアンボをならべておいたそうです。カビがはえてウサギの毛のようになったものも食べたことがあったといっていました。『秋山記行』のなかには、大赤沢の藤左衛門の言葉として「昔は栃、楢の実を沢山食ったが、いまでは粟やヒエがちなどに食う家もあり。」とも記されています。採集食物が卓越していたけれども、栽培穀物がだんだんふえてきたことをいってるわけです。また、同書には「一〇月より三月まで雪のうちは、村によりトチ餅がちに食う」とあります。トチ餅とはいっても、雑穀をまぜるものだからトチがうんと多くてぼこぼこ折れちゃうんだな。いまのハレのものとはちがうんですね。

「わたしが再度、政市さんを訪ねたのは、平成七年六月一一日だった。政市さんは昨年のことをよく覚えていてくれました。」

昨年というのはですね、平成六年八月二日。マスのことを聞きにいったときのことです。このかたはすごい人で、日本のどこを探しても出ないようなトチの話が出たわけですから、もう一回教わりにいきたいと思ったのです。

「左右のこめかみのところに小さな絆創膏のようなものを貼っていた。朝、軽い頭痛がしたので貼ったと笑いながら語った。極めてお元気だった。その折は、雑穀の収穫量の概略やアンボを中心とした食生活について聞いた。家に帰ってノートの整理をした段階で、毎年の一〇月から五月までの、毎日、栃アンボの素材として使用した栃の実の一年間の採集量、それに昭和初年の石澤家の家族の人数などを聞き逃していることに気が付いた。」

つまり、何人の人間が何月から何月までトチアンボを食べるには、トチの実をどれだけひろわなければならないのかということ、トチのミニマム・エッセンシャルズというのがこれでわかるわけでね。採集堅果類の食生活との本当のかかわりっていうかなぁ。そこまでいかなきゃダメなんですよ。それをおこたっていたので、やりたいと思った。聞きのがしていることに気づいたのです。

「この点を確かめることが栃の実の主食化に関わる民俗の総体にとって不可欠であることに思いが至ったのである。この点をたしかめ、さらに暮らしの民俗の細部についても聞かせて頂こうと思い、平成七年八月四日、三度目に石澤家を目指した。石澤家の角を曲がると並立する花輪が目に迫った。瞬間、不吉な思いがよぎった。政市さんは一週間まえに亡くなり、八月五日がご葬儀だという。」

わたしがうかがったのが四日、その日は葬儀の前日だった。

「焼香させて頂き、ご冥福を祈った。祭壇にはやや斜め向きの政市さんの優しげな写真が飾られていた。昭和初年の石澤家の栃の実の採集量を政市さんの口から直接聞くことはもはや不可能となった。」

これが民俗学の宿命です。考古学や歴史学とちがうところです。常にこういうことを背負っているということを読者にわかっていただく必要があります。

「茂一さん（大正一二年生まれ）が、結束の滝沢家から石澤家に養子に入ったのは、昭和三〇年のことである。そのころの栃の実の採集量は、毎年二斗から三斗だったという。昭和初年の石澤家の家族は五人、そのころの栃の実の採集量は三俵ほどではなかったろうかと茂一さんは推察する。場合によっては、さらに多かったとも考えられる。」

茂一さんというのは、石澤家に入ったおむこさんです。たとえばね、この政市さんのむこの茂一さんが大正一二年生まれです。現在九〇歳を超えていますね。だから、民俗学は常に時間との戦いを要するきびしい状況にさらされている。聞き取りはいつでも真剣に全力でやらなきゃダメなのです。いつでもそれが最後です。時代変容の最先端なんだと認識しなきゃならないんです。もうダメだってことはないですよ。たとえばタライで洗濯するのが洗濯機になって、くらしがどう変わったかというのを克明に聞いて記録すべきなのにそれをおこたっているわけです。いま、その時間がどうなったのかと、まぁそういうことにつながるわけなんです。

もうひとつだけ例を出します。これはね、静岡県浜松市天竜区水窪町草木出身の猟師、松島八十吉さん。明治二九年生まれ。松島さんを一回目にたずねたのは、昭和五七年三月二七日。八十吉さんはひ孫をあやしながらいろいろ聞かせてくれたんですがね。

「わたしたちは、獲物・猪をとって里へ運び出すときにフジ蔓でしばってはいけないと教えられた」というのです。マフジっていうふつうのフジだな。ロープなんかもっていませんから、それでクズの蔓でしばってもってこいといわれたそうです。なぜフジがいけないのか。それはフジの繊維で布を織り、コギノ・タフなどと称して衣料にする習慣があったからです。そのことを聞いてこれはすごいなぁと思いました。これは禁忌伝承・タブーです。むやみにフジを切るなというタブーなんだな。フジは衣料素材のほかに、イカダを結ぶ結束材とか、需要があったわけですよ。だからむだに切るなというのです。クズでしばってこいと。

もっとうんと聞かにゃならんと思って、それでおなじ年の一一月二一日。昭和五七年の一一月二一日に再度おうかがいしたら、八十吉さんの葬儀の最中でした。もう言葉もありません。おみやげをもっていきましたから、それをそなえてお参りして失礼しましたけど、もうこたえてこたえてね。

そういうことがしょっちゅうあって。これが民俗学徒の宿命です。『暮らしの伝承知を探る』という書物のなかで、生きている人との別れのことをいくつも語りましたが、死んだ人とどういうつきあいをしているのかというのは、前後をふくらませれば大きなテーマになりますね。先のトチの事例を具体的に書いておけば、民俗学とはなにかということがわかると思います。

貨物船、吹雪、台風、野宿、酒

旅先でのいろんな問題を話してみます。わたしが船よいしたのは石垣島から鳩間島へいく船です。定期便もあるんだけど、週三回しか出てなくて。定期便ではふつうはよわないけど貨物船の船底に乗せてもらってすごくよってね。船員が魚を釣って醤油といっしょにもってきてくれたけど、「食うには食ったけど」という感じだったね。

鳩間島で会った大城安子さん（昭和五年生まれ）は、とにかくセジ（霊力）が高い人だった。沖縄には霊力のある人がいるんだ。あそこになにか祀らにゃいかんものがあるといったことがビンビンわかるんだよな。沖縄にはそういう人が多いんです。わたしは安子さんにつれられて、島中の聖地を全部めぐってね。鳩間島には浜が各方位にあるわけだけど、そこもまわりました。貴重な経験をした旅でしたが、あの船よいにはまいりました。

それでこんどは逆に定期便で鳩間島から石垣島に帰るときの話、そのときは小浜安喜さん（明治三八年生まれ）に会った。小浜安喜さんは猟師でね。むこうでは槍のことを矛＝フクというんだけど、フクでイノシシ猟をした経験をおもちでした。猟には犬が重要になってくるので、「猟に犬をつれていくには何頭がいいのですか」ときいたら、「七頭がいい」とおっしゃった。親方の犬を中心にして七頭いたら完全にとれると。鉄砲の猟じゃなく、フクで猟をやった最後の人だった。その人の息子さんが石垣島にいるもんだから、一二月二八日に小浜島から息子さんの家にいって正月をやるということで、船のなかでも一緒で、取材しながら石垣島までいったことがありました。いきはよったけど、帰りは「よいよい」だったなぁ。久高島へは一〇回ぐらいいってるんだけど、ここの船でもときどき、よいました。

いちばん困ったのは、石垣島から与那国島へ飛行機でいこうと思ったときのことです。わたしが沖縄へいくのはほとんど冬休みなもんだから、何回も飛行機が飛ばなかったんだよ。これには困ったね。銀婚式に妻を沖縄につれていきたいと思ってつれていったときに、はじめて与那国行きの飛行機が飛びました。そういうことがあったなぁ。

それから、隠岐島も冬になると船も飛行機も通わなくなっちゃうんだよ。それでわたしは、夏の調査のあとの追加調査ができなかったことがある。それから三重県の鳥羽市になるのかなぁ、神島。これは一昨年の歳末のことです。調査にいこうと思っていたら、海が荒れて船が出ないんです。一二月三一日に寒いのに覚悟していったんですよ。がっくりして伊勢神宮に参拝して帰ってきましたね。

それから、鹿児島の甑島にトシドンをみにいこうと思ってね。宮崎公立大学教授の永松敦さんと二〇〇九年にいこうとしたのだけど、海が荒れちゃってね。ぜんぜん渡れないんだよ。だけどわたしは、強引なもんだから「小さな漁船をチャーターしていこう」といったんだよ。永松さんは小さい子どもが三人いるもんだからさすがに慎重でしたね。「やめておく」というから、わたしもつきあってやめたんだけど。わたしは平気で船をチャーターするんです。瀬戸内海なんかでは船をチャーターするのは安いから、小さな離島にはそうしていきました。

長崎県なんかでもしょっちゅうチャーターしていました。けっこう、大変でしたね。平戸市的山大島《あづちおおしま》というんだけど、そこにどうしても調査にいきたいんですが、海が荒れて定期便が出ないんです。船もタクシーとおなじぐらいの値段なもんだから、連絡したら漁船がポポポと来てくれてやっと調査ができた。そういうことは瀬戸内海なんかでもしょっちゅうでした。お金があるわけじゃないけど、電車でいろいろまわって一泊してやっと到着というよりも小舟をチャーターしたほうが、みなさん善意でやってくれて、かえって安くなる。

でも、隠岐島には本当にいけなくて困ったな。海の苦労というのはたしかにあるんです。伊豆諸島の御蔵《みくら》島にいったときには、やっぱり台風が来ちゃうんだよ。次の定期便をまっていると台風にひっかかっちゃうんだよ。「これはやばい」とヘリコプターをチャーターして、とりあえず八丈島へ飛んでもらったことがあった。どえらく高いものではなかったですけどね。台風で帰れなくなっちゃうなんていうのは、沖縄ではしょっちゅうだよ。アカマタ・クロマタをみようと思って西表島に入ったら台風が来ちゃって。アカマタ・クロマタはもちろん中止だし、しょうがないから毎晩焼酎飲んでね。そのほか石垣島でも台風で足をとめられた。そういうことはざらにありますね。宮崎県の椎葉村の民宿・龍神館で民俗学のゼミ合宿をやったときに、台風が来てバス道路がひどくかけちゃって、帰れなくなっちゃってさ。三日間ぐらい龍神館によぶんに泊めてもらった。そのとき、龍神館では学生たちがよぶんに泊まった宿泊料はとらないで泊めてくれたんだよ。宿主の椎葉英生さん、喜久子さんご夫妻の心づかいが身にしみました。東北ではね、吹雪で動けなくなったことがありますが、じっとしていて吹雪が去ったあと、晴れてきたら移動するということがありました。そんなものはつきものだからなんでもないですけどね。

わたしは宿をきめないで旅をします。そんな旅ですから、駅のベンチ、カプセルホテルなどで寝たことは何回もあるよ。あれは高知県の田遊びの調査にいったときのことです。

その次の日に岡山県山間部の田遊びにいこうと思って、香川の丸亀に泊まらにゃいかんと思っていたんだよ。ちょうど瀬戸大橋が開通した年だから、ホテル、旅館などは全部満室で、それで多度津の駅に泊まった。五月五日だったけど、もう蚊がぶんぶん来ちゃってね。それから高知県の椿山というところでは、公民館に泊めてもらったな。民家に泊めてもらったことはたくさんあります。どうしてもないときはビルの谷間に寝ましたね。札幌だったな。夏の北海道は○○大会が集中してあるので、泊まるところがなくなるのです。女性じゃできないけど、男性じゃ平気だから、そんなことはいくらもあるわね。

酒が入ると話者の話もはずむ（静岡県藤枝市：撮影八木洋行）

民家では、あちこちで非常にお世話になって、心づくしは置いてまいりますけどね。めずらしい食べものをごちそうになることもあります。

たとえば山梨県身延の大垈《おおぬた》というところではかぼちゃとさつまいもと小豆を煮た「いとこ煮」がうまかったな。静岡県の水窪に泊まったときは、「ねりくり」というものがものすごくうまかったな。水窪のある家では「きびだんご」というんだけど、トウモロコシの粉の饅頭なんだよ。これもうまいね。色が黄色できれいだしね。

あと九州、椎葉では食いものより焼酎だね。焼酎。食うものなんてちょっぴりやって、九州の人は焼酎を飲むよな。焼酎にも甲類と乙類というのがあるんですよ。どこのおじいさんは甲類を飲む、どこのおばあさんは乙類を飲むというのを承知してないとダメなんですよ。反対のものをもっていってもよくないんです。だからどこの人はなにを飲んでいるのか酒屋で聞いて、銘柄でいえばわかるわけだからそれをもっていくわけですね。

焼畑にかかわる木おろし（立木の枝落とし）の話です。熊本県八代市泉町樅木というところがあるけど、そこの加藤国記さん（明治四四年生まれ）から、原生林で焼畑をするときの「木おろし」についてまなんだことがありました。

話が長く続いて、そのあいだずっと焼酎を飲みながらです。加藤さんのところには、木おろしの鉈が二種ありました。先にトメがあるものと、トメのない角型のと、どっちの鉈のほうが太い木が伐れるのか。どちらの型の鉈が古いのかと話が進みました。角型のほうが古いんだよ。それはなぜかというと、太い木でもバッと伐りぬいちゃうだろう。トビ（トメ）があればひっかかっちゃうでしょう。そういうことを教わりながら一晩飲むのよ。「これで下駄を作るんだよ」と。そのときは、下駄を作った鉈をいただきました。そういうことをゆっくり一晩、焼酎を飲みながら話してくれるという土地柄なんだよね。

鹿児島県の南大隅町根占池田の旗山神社に一月二日から四日まで三日間連続のまつりがあるんです。「柴祭り」とよばれる壮大なまつりです。拝殿や山のなかなどを移動して三日間おまつりをやるわけです。わたしは勉強にいってるから、地元のかたの手のあいているときに「〇〇を教えてください」と質問するんです。そうすると「まあ、飲め」と焼酎を飲まされる。焼酎はお湯わりです。飲むと教えてくれるわけです。またしばらくすると、「あれはなんだろうな」と思って「あれはなんでしょうか」というと「まあ、飲め」とい

柴祭り 鹿児島県肝属郡錦江町の旗山神社で一月二〜四日までおこなわれる正月行事。初日は、稲作の仕事始めで、山でシバを折り、それで田打ちの所作をする。二日目は、猪狩りの仕事始め、三日目は山の口開きでシバ刈りなど山仕事の仕事始めの儀式がおこなわれる。

ってまた飲まされる。そんな感じで勉強をして、三日目ぐらいになるとなれてきて、ナンコという算木のような棒を使うばくちがはじまるんだよ。簡単だからすぐおぼえるわけです。そして負けると飲まされるわけよ。こっちもそう負けないけどね、そうして三日間飲むんだな。それが楽しみなんです。そういう勉強の仕方もありました。

わたしが酒で失敗したのは、昭和五〇年代のはじめのころのことでした。岐阜県本巣郡根尾村、いま本巣市になったけど、越波《おっぱ》というムラがありました。過疎化がはじまっていましたね。当時から冬は雪がきついから各務ケ原とか岐阜市へ、そのムラの人はみんな息子の家や別宅、親戚の家などにいくわけだけど、たったひとり村にのこるという人がいました。松葉長之助さん、明治三九年生まれです。その人のところへは、まえにもいっていたんだけどね、あるとき静岡からエッチラオッチラ出かけていった。あれは二回目だったかなぁ。「おまえ、よく来たな。きょうはおまつりだ」というんだよ。「おまえもいっしょに来い」といって、神社の神饌殿・宴会場につれられていきました。村の衆もめずらしいやつが来たからといって、みんなでサービスしてくれるんです。わたしもそう強いほうじゃないし、えらい弱いほうでもないだろうけど、まず午後の一時半ぐらいから五時ぐらいまで飲むだろ

屋根裏に乾燥保存されるトチの実（岐阜県本巣市根尾越波・松葉長之助家の屋根裏）

う。もうこっちはよっちゃって。そのおじさんに焼畑民俗について聞きにいったんだけど、よっちゃってぜんぜん聞けないの。それでまた日を改めてもう一回いったことがありました。あれは大失敗でしたね。

それからは「ほどほどにせにゃいかん」ということで自制を心がけました。これもいま思えば、楽しい失敗ですね。その家には何回も泊めてもらいました。長之助さんは近所の年寄りを集めて、血をぬく治療をやってました。ガラスの玉をもって、こう血をぬくんだよ。瀉血というのか、悪い血がたまるからといって。それで二階のツシにはトチの実が干してあるわけよ。強烈なんだよね。

よく飲んだね。肝臓がよくやられんと思うんだよな。糖尿病にはなりましたけど。これは一種の職業病かも知れません。

「兄妹心中」を聞かせたくれた小田きくさんのムラに通っていたころから、福井県側の谷というムラの調査をしたいと思ったんですよ。谷峠を越えていたころから、いつかは絶対いくぞと思っていました。ようやく平成二三年六月六日に谷に入ったんだよ。谷はね、かつて一〇〇戸あったんだよ。戦前には一〇〇戸。ところが平成二三年には一〇戸なんだよ。過疎なんてもんじゃないでしょう。それで畑で働いている元気そうなばあちゃんに「教えてくださいよ」といったら、「ほいほい」ってこたえてくれた。この人が番戸平《ばんどひら》みつさんという大正一〇年生まれの人でした。番戸平というのは、山の場所なんだよな。ブナ林の平らなところにそういう地名がのこっています。九〇歳を超えているけど元気で、「わたしはむかしからここで降りて話を聞きたかったんです」といったらいろいろ話してくれて

ツシ　寄せ棟などの民家は屋根が高いので、梁に床をはって中二階にして、燃料のシバなどを保存した。いまでいうロフトのようなもの。

ね。わたしはカメムシの勉強をしてるだろう。くさいやつ。「おばさん、カメムシのことでなにかおもしろい話はないですかね」といったら、「あるよ」って。

〽肩はサシ肩、においはよいし、なんでわたしをきらうじゃろ

という唄があるんだと教えてくれました。「これはすごい。カメムシの唄があるなんて」と。この人は独特な仕事をやっていた人なんです。産婆の学校にいった産婆ができる人なんだけど、「山のなかに産婆はいなきゃいかん」といってな。産婆の学校にいったんです。「山のなかに産婆はいなきゃいかん」といってな。親父といっしょにいつも山のなかに入っていたといったな。結局この人は父親や夫といっしょに炭を焼いてまわったわけです。炭焼きは、まわりに木がなくなるとできなくなっちゃうわけですよ。木がなくなって炭焼きができなくなると、谷の峠を越えて石川県のほうまで炭焼きにいって、最後、福井県の若狭のほうまで焼きにいったといっていますからね。この人は電気がつくころの話もしてくれたな。八燭の電灯が毎日つくんだけど、これはいまのように消費者がスイッチを入れるんじゃないんだよ。時間が来ると、勝手につくんだよ。「電気がつくまで遊んでちゃいかん」とそういう会話が成立していたんだよな。おもしろいな。

一度いってみたいと思った場所でだれかに出会う。これは縁だよな。谷だってバスもあるけども、いくにはうんと歩いていかなきゃいかんしね。出作り小屋の長坂家にいくまで五キロメートル歩くというのは、たいしたことじゃないけど、「最終のバスに間にあうよ

うに」と思うと、往復一〇キロメートルあるからあせるわな。物見遊山、観光の旅とは大ちがいで、まなびの旅にはいろんなことがあるものです。

おわりに

ずいぶんいろいろなことを話したように思いますが、『生態民俗学序説』、『海岸環境民俗論』、環境民俗学の構造、『山地母源論』、『季節の民俗誌』、『「個人誌」と民俗学』、地方史の民俗編などについては語っておりませんね。また、これからまとめる計画のある『生きもの民俗誌』、『採集民俗論』、『自然暦』、『民俗語彙』などについてもまったく言及することができませんでした。生きかたにおいてふかい影響をうけた先生がた、民俗学および隣接諸学で学恩をいただいた先生がた、そしてなによりも「よい日本人」「すごい日本人」のことも語っておりません。これらについては機会があったらまたお話ししたいと思います。

日本の現状をみると、人口減少、少子高齢化、山地・島嶼部の村落組織の崩壊と衰退、ムラムラの消滅の危機がみられます。いっぽうで、都市集中ははげしいものの、旧団地の空洞化、単身家庭・未婚者の激増などがみられます。経済格差が増幅・定着しつつあるのはつらいことです。貧困児童の激増、児童虐待の頻発、潜伏するいじめ問題——いずれも深刻です。こうしたもろもろのつらい現象の起因のひとつに怒涛のような経済のグローバル化の濁流があるのではないでしょうか。そこに過剰な競争とあせりがついてまわっているのではないでしょうか。こうしたことにさまざまな要因が重なり、この国がこれまで培い、伝承してきた美風は消滅の危機に瀕しています。

いっぽうで特定の国々の偏狭なナショナリズムが台頭しつつあります。こうした状況だからこそ、国粋主義や独善的なナショナリズムとはことなる、日本人のよりどころ、日本人のアイデンティティーをたしかにもちつづける必要があるのだと思います。その核心のなかに「自然によりそう」「人によりそう」という柱があるように思います。この国には四季の変化に富み、さまざまなめぐみをもたらしてくれる豊かで美しい自然があります。先人たちは、その自然によりそってつつましく心豊かにくらしてきたのです。もとより、自然には両義性があり、この国の自然には、地震、津波、山地崩落、火山噴火、台風、河川氾濫、集中豪雨などがあり、それらが苛酷な災害をもたらしてきた事実があります。人びとはこれらの負の側面に痛めつけられながらも、ねばり強く対応し、再生し、自然によりそってくらしてきたのでした。

近隣とのおつきあい、親戚とのつきあい、「結い」という労力交換、近時さかんになったボランティア活動の浸透などは、「人によりそう」営みです。

日本人のよりどころ、日本人のアイデンティティーを底から支えてきたものに「民俗」があります。混迷・流動する世界のなかで、日本が生きぬいてゆくためには、かならず民俗世界、伝承されてきた心意や民俗モラルが力を発揮してくれるはずです。民俗学はいまこそ重要度をましています。地味な学問ですが、そこを支える力があるのです。

「日本人のよりどころ」を培うためには感性のやわらかい幼少年期の見聞や体験が重要な役割をはたすはずです。ひろい意味での生育環境や教育が重要だと思います。静岡県浜松市天竜区水窪町に「トチを伐るバカ植えるバカ」という口誦句が伝えられています。水窪では長いあいだトチの実を食糧として利用してきました。「トチを伐るバカ」というのは、貴重な食糧となる実をめぐんでくれるトチの木を伐るのはおろか者だということですから

深山の夫婦栃とトチの木を守るトチモリ（静岡県浜松市天竜区水窪町：写真左）、草木供養塔（山形県米沢市小野川・大黒天寺境内：写真右）

よくわかるのですが、「植えるバカ」という部分には若干の説明が必要です。トチの木に、食糧としてたりるほどの豊かな実がなるまでには、人の世代で三世代かかるといわれています。それなのに、植えればすぐに大量の実がとれると思うのはおろか者だという意味なのです。

ここにはトチの木の禁伐伝承を厳守し、世代を超えてトチの木を守りつづけ、大切に守りつづけるがゆえに長いあいだトチの木から大量の実をめぐまれつづけてきた水窪の人びとの思いが凝縮・象徴されているのです。ここには人とトチ、人と自然との共存・共生関係がみられるではありませんか。こうした人と自然との関係がトチの巨樹を残存させてきたのです。子どもたちにこのトチの木をさわらせ、抱きつかせて自然の大きな力を実感させたいと思います。

三重県尾鷲市の賀田小学校には小学生が管理をまかされている一本のトチの木があります。児童たちは秋、大きなトチの木をあおぎみたり、地面に目をこらしたりして、トチの実ひろいを

国指定天然記念物のミズナラの巨樹をあおぐ
（長野県下伊那郡阿智村：撮影　八木洋行）

します。父兄やムラの人びとの協力をえて、トチの実のアクヌキの過程をまなび、トチ餅を搗いてもらい、そのふかい味と香りを味覚・嗅覚に記憶するのです。

昭和五二年七月二七日、山形県米沢市南の山地、小野川地区を歩いていた折、大黒天寺境内で、倒れたままになっている、草木供養塔をみかけたことがありました。その折は、この国の人びとの心性にふかく心を動かされたものです。各地をめぐればまなぶことばかりです。これからもまなびの旅をつづけていきます。

野本寛一

付録

フィールドワークのおみやげ
「書斎ミニミュージアム」

平成 30 年 12 月　書斎にて（奈良県奈良市）

わたしの書斎にある民具などの品々は、フィールドでお世話になったかたにいただいたり、旅先で買ったりしたものです。わたしは民具研究家じゃないから、こうした旅のみやげをみながらいろいろと考える。そのものの意味、そのときの交流や思い出。これがまたいいんだよね。これらはまなびの旅のみやげというより、なごりだといってもいいでしょう。もう作られることもないだろう貴重なものや、デザインが民俗意匠としてすぐれたものもありますので、わたしの書斎にあるものについてすこし紹介してみることにしましょう。これらの民具・品々からわたしのまなびの旅を感じてもらうことができるかと思います。

1　アンック

アダンはタコノキ科の熱帯性常緑低木。琉球弧に分布するが、トカラ列島を北限とする。葉は線形で先がとがり、クキから気根をたらし、気根は支柱根となる。沖縄では枯葉を燃料にし、気根をアダナシと称してその繊維を採取して綱や民具を作る。アダナシとは「アダンの足」の意である。八重山地方では、このアダンの気根をこまかくさき、二ミリメートルほどの縄をなって、アンック（アミックとも）とよばれる肩かけの小形網籠のようなものを作った。繊維の段階で田の泥のなかにつけて色染めをする。灰色味をまし、味わいをます。編みかたにも模様を浮かせる技術があり、民芸品としても美しい。繊維はじょうぶで耐久性があり、「一生もの」だといわれた。田畑そのほかへ弁当などを入れて出かけるのに使われた。

2　御嶽《おんたけ》百草《ひゃくそう》

木曽御嶽の百草は胃腸薬としてひろく知られている。百草とはもろもろの薬草を示す語だが、御嶽百草の原料はミカン科の落葉高木オウバクの木の皮で、これを煮つめて作る。岐阜県高山市高根町小日和田の中田福松さん（明治四四年生まれ）は、御嶽百草の製造製薬者だった。ワラビ根でんぷん採取についてまなぶべく平成三年八月二七日に中田家をおとずれた折、最後のひとつになっていた自製の百草、竹の皮に包まれているそれを中田さんはわたしに下さった。二、三歳のころ、いたずらをしたわたしに家人は百草の小片をなめさせた。その強い苦さは小児にとっては恐怖そのものだった。「お百草をなめさせるぞ」といわれると幼いわたしは即刻おとなしくなった。一時、胃を病んでいた曽祖母まみ（明治六年生まれ）の百草はうらの竹やぶの横穴の稲籾ガラのなかに収納されていた。

3　雉子笛

静岡県賀茂郡西伊豆町沢田の鈴木善治さん（明治三七年生まれ）は、海を舞台として漁をしていたのだが、海の荒れているときは丘猟をした。丘猟の対象にキジ・ヤマドリがあり、キジ猟は雉子笛でおこなった。雉子笛は象牙・アワビの貝殻などで作る者もいたが、鈴木さんのものは写真のような赤金製で、二・七センチメートル×一・

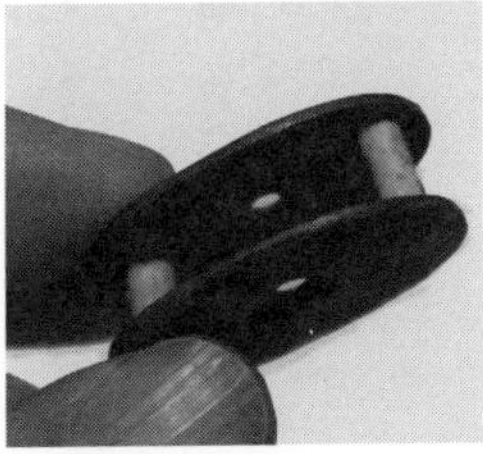

七センチメートルの楕円板二枚を八ミリメートルの支柱二本でつないだものだ。楕円板の中央にはおのおの径二ミリメートルの穴があけてある。これを口中にふくんで舌でくりながら吹いて音を出す。ピヨピヨと疑似鳴音をうまく発するとケンケンと応じてくる。猟期は三月、四月だという。雉子笛は五円硬貨を二枚使ってもできると語っていた。

4　クマ皮製の腰皮

修験道では腰皮のことを引敷《ひっしき》とよぶ。山から樹木を伐り出す山林労務者や木材を河川で流送した河川労務者もさかんに腰皮を使った。腰皮にもっとも適した毛皮は禁猟獣のカモシカの毛皮だといわれた。除湿・撥《はっ》水性にすぐれているからである。一頭のカモシカから、肩・腰・腹部の三枚をとることができた。もっとも値のよい腰皮は毛の密生する尻、次は肩、安い部分は毛のすくない腹だった。静岡県榛原郡川根本町長島の長島英雄さん（明治三六年生まれ）は、昭和初年ごろ、カモシカの尻の腰皮は、ヘリつきの畳一畳より高いといわれていたと語った。ふつうの労務者がカモシカの腰皮をつけているのに対して、代人という役つき労務者は、クマの腰皮をつけていた。クマ皮は撥水性・柔軟性においてはカモシカ皮におとるものの、熊の霊威にあやかって、権威の象徴として熊皮でできた腰皮をつける習わしがあった。

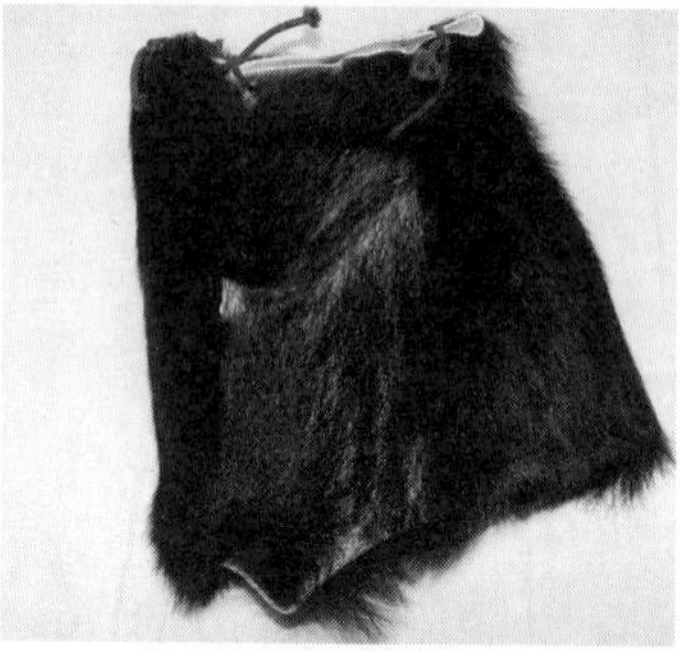

5　アワビの貝殻

三重県鳥羽市国崎町の海女橋本こはやさん（大正二年生まれ）は、三つ穴のクロアワビがエビス貝だと伝えてこれを神饌《しんせん》器《き》とした。志摩市布施田では、鶏小屋のイタチよけ・蛇よけにアワビの貝殻を吊るした。アワビ貝の光と貫通孔の眼で邪悪なるものをよけんとする呪的民俗でこの慣行は伊豆半島や大阪府でもみられた。南伊豆町ではアワ畑の鳥よけにアワビ貝を吊った。鳥羽の答志島では女児が生まれると「オンビモチ」と称して、大アワビの貝殻に餅を練り盛りにして親せきに配った。その貝は、あとに麦搗きの麦すくいなどに使った。オンビ（アワビ）の容器性はもとより、女性の象徴性もここにはひそんでいる。

6　犬法螺

奄美大島ではイノシシ猟に際して、ホラ貝を吹き、その音によって犬に指示をあたえたり、猟仲間に集合をかけたりした。犬をよぶときには「犬ブラ」と称し、「ブォッブォッ、ブォッブォッ、ブォッブォッ、ブォッブォッ」と二度ずつ短く切って吹き、「追いブラ」といって犬にイノシシをおいださせるときには「ブォーーー」とつづけて吹いた。奄美大島のホラ貝は小型で、鹿児島県瀬戸内町古仁屋の加納広文さん（大正一四生まれ）の使っていたものは、長さ一四セ

ンチメートル、最大径七・五センチメートルである。吹き口を作り、紐をつけて首から下げて使った。

7　鹿笛

a

b

c

a（長野県飯田市上村程野）、b（静岡県榛原郡川根本町長島）、c（静岡県浜松市天竜区水窪町）はいずれも「笛鹿猟」に使う鹿笛である。鹿笛とはメジカの疑似鳴声音を出し、それによって遠方にいるオジカをおびきよせて射撃し、捕獲するための笛である。aは吹き口、台ともにシカの角、bは吹き口はスズ竹、台はシカの角、cの吹き口は赤金、台はカシの木である。音を出すためには台のうら底に振動膜をはり、両手のおやゆびとひとさしゆびでもち、開くようにして吹かなければならない。bの一辺は、六・三ミリメートル、吹き口のスズ竹の長さは二センチメートル。笛鹿猟の季節はシカの発情期である秋だ。「ススキの穂が三穂出るとシカのサカリがつく」（和歌山県西牟婁郡すさみ町追川・根木彦四郎さん・明治三八年生まれ）という自然暦もある。長崎県対馬市峰町の佐賀貝塚（縄文後期）からはb、cと類似する形の鹿笛が出土している。

8　宝貝

タカラガイ科の貝類を総称してタカラガイとよぶが、大きさ・色・斑紋など多種多様である。貝殻の底面口部の形状が女性を象徴するというみかたから、この貝がらが安産をもたらす呪力をもつとする呪的伝承が発生した。『竹取物語』にも「つばくらめのもたるこやす（子安）の貝」としてえがかれている。宝貝は古代中国での貝貨とされた。遮光器土偶の眼、各所装飾品などにも用いられた。漁網のオモリにも用いられ、小型のものは近代以降も女児のオハジキとして人気があった。日本人の起源を探索しようとした柳田國男は『海上の道』で、稲作と人の移動にかかわって「タカラガイ」が重要な役割をはたしたとしている。

9　足甲あて

焼畑を営む傾斜地で、伐採・火入れ・播種・除草・収穫などの作業をする場合、上部から転げたり、落ちたりしてくる土砂、石などから足の甲を守らなければならない。写真は、そうしたときに足の甲を守るためにつける「アシ甲」とよばれる甲あてである。写真は、山梨県南巨摩郡早川町奈良田の深沢金治さん（明治四四年生まれ）が作成・使用したアシ甲で、ウンモノ（績みもの）とよばれる藤の内皮を素材とした細縄を芯として、スゲを使ってワラゾウリとおなじ要領で編む。U字型の空隙部に足首を入れ、先端の輪に足のなかゆ

びを入れ、足首のうしろにヒモをまわして固定する。焼畑では主食にしたヒエ・アワ・ソバ・アズキなどを栽培した。

10　クマの手

クマの出産は軽いといわれる。冬籠りの穴のなかで猟師にねらわれた身籠りグマが、子をいったん腹から出して猟師と戦い、猟師があきらめて帰ったのち、ふたたび子を腹のなかに入れて冬眠したというじょうだんが語られるほどだ。静岡県浜松市天竜区水窪町西浦の小塩すずさん（明治四二年生まれ）は、母のしめさんから技術を伝承された助産婦以前の「とりあげばあさ」として活躍した人だった。すずさんは、母から伝えられた「クマの手」を安産の呪具として大切に守り、そのクマの手で妊婦の腹をなでながら安産を祈った。もとより呪術以前の子をうませる技術もたしかに伝承している。安産の呪具としてのクマの手の伝承は宮城県にもあった。

11　イタチ皮のおどし

高知県の四万十川流域ではウグイのことをイダとよぶ。高知県高岡郡中土佐町槇野々の吉岡茂保さん（大正九年生まれ）は一二月下旬から二月上旬にかけて、「寒イダ漁」を次のようにおこなった。イダのひそんでいる淵の岩穴の周囲にタテ網（サシ網）をはりめぐらし

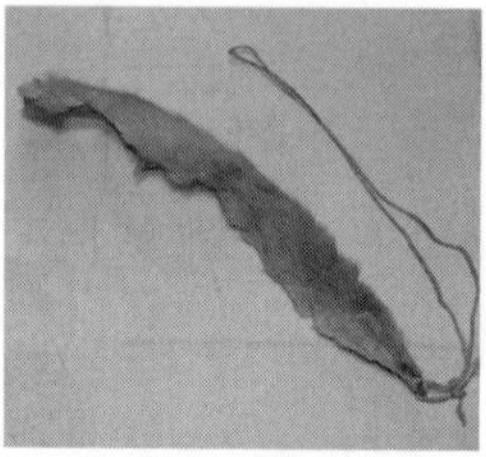

ておき、イタチの皮のおどしを使ってイダをおいだす。はぎたてのイタチの皮（長さ三五〜四〇センチメートル）の頭部に麻ヒモをつけ、それを竹竿の先につけて岩穴に入れて動かす。イダの群れは天敵のイタチだと思いこみ、おどろいてにげまわり、はられた網の目を刺してとらえられることになる。

12　水字貝

スイショウガイ科のマキガイで六本の管状突起があり、その形状が「水」の字に似ているところから、「水字貝」とよばれる。管状突起の突刺性から、この貝を門口・戸口や畜舎に吊ったり置いたりして魔よけにする習慣が沖縄県の八重山諸島にみられたのだが、八重山では衰退し、多良間島や鹿児島県の奄美大島にその事例がみられる。水字貝の代替としてクモガイを用いる場合がある。水字貝を吊る場合は、腹側を外にむけるのが本来の形だとされる。八重山郡竹富島の加治工政智さん（明治二八年生まれ）から次のように聞いた。家を建てるときには、浜からもってきた清浄な砂とハロゴとよばれる水字貝をうめて「家の願い」を唱えた。水字貝の「水」が火難よけになるとするみかたもあるが、突刺性による魔よけの呪力がその深層にある。

13　クマのキバ

イノシシのキバが湾曲をなして半円形にいたるものがあるのに対して、ニホンツキノワグマのキバは写真にみるごとく湾曲がなく、長さ七センチメートルから七・五センチメートルと意外に短く小さい。しかし、それは巨体をもつクマの力と霊威の象徴となる。長野県の遠山谷（飯田市）では、これを根付けなどにして身につけ、魔よけにする習慣があった。写真右端のリングと鈴のついたものは、遠山谷和田の山肉商星野屋の主人が現代風にアレンジしたものである。

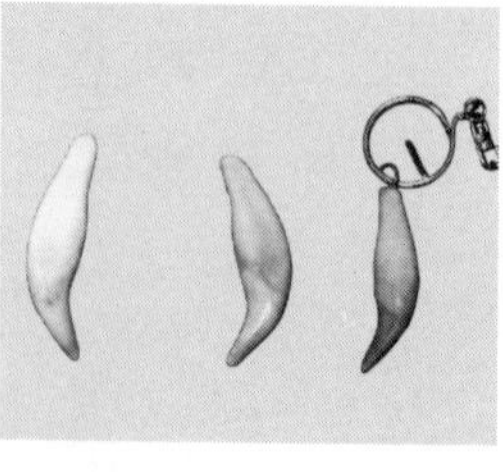

14　カラサオ

柄となる棒や竹ともう一本の打ち棒を連結・回転できるようにして、打ち棒でイネ・ムギ・ヒエ・アワ・マメ類などを打ち、穂落とし、脱粒などをおこなう民具がある。これを殻竿・唐棹・連枷などと記す。またはクルリ、メグリ棒などとよぶ地もある。写真は愛媛県のものだが、各地方によって形と大きさにはちがいがある。使いこなすのには熟練を要する。次の歌は奈良県五條市大塔町篠原の和泉安恭さん（昭和三年生まれ）から教えられた「ヒエ搗《が》ち唄」である。

〽ハー　おもしろいわよ　殻竿搗《が》ちはよ　コラショ（囃し）
肩で揺らしてシナで搗つ　コラショ
〽ハー　今朝のかかりは　これはと思ったよ　コラショ
これでお仕上げがおめでたや　コラショ

歌中の傍線の部分には殻竿を使う際の技術伝承がこめられている。

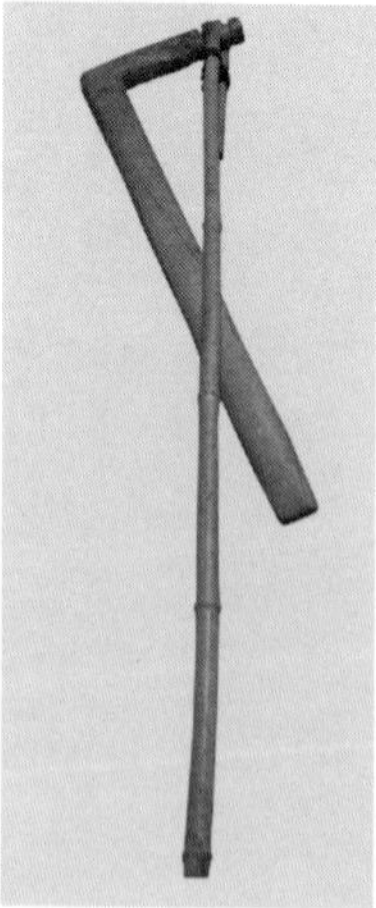

15　マトウリ

岩手県久慈市山形町二又の馬場みなさん（大正八年生まれ）はヒエの脱穀を次のようにした。ヒエの脱穀は二段構えでおこなった。母屋の一角にある板庭（クリまたはナラの厚さ一寸五分の板を敷きつめた板の間）にカラミ臼とよばれる臼を横たえてカラミ手がその臼にヒエの穂を打ちつける。穂や粒は前方にたまる。いったんからんだヒエ束を、打ち手がうけとってそれをマトウリとよばれる二又棒の打ち具でたたき、のこった穂を落としてから粒化する。写真は馬場家で使われたもので長さが五八センチメートル。うら側、すなわち底側、ヒエを叩いた部分は写真のように白く光っている。ヒエを主食とした時代が長かったのである。青森県ではマトウリのことをマトリとよぶ。

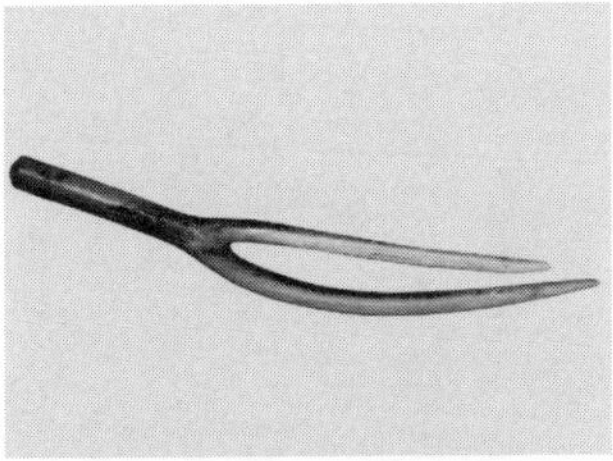

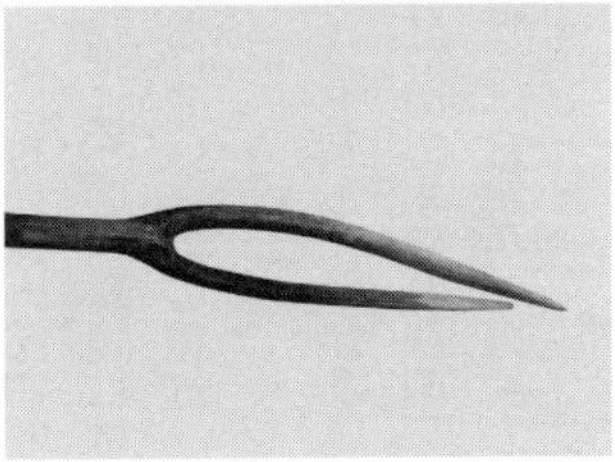

16　藺田の苗植棒

滋賀県近江八幡市北津田町は琵琶湖とその内湖である西の湖のあいだの北の山つきにある。稲作を主とするが、家に近い田で畳表にするイグサを栽培した時代がある。家に近い田は悪水が入るので土が肥えているし、イグサの収穫・管理にも便利だった。藺田は二毛

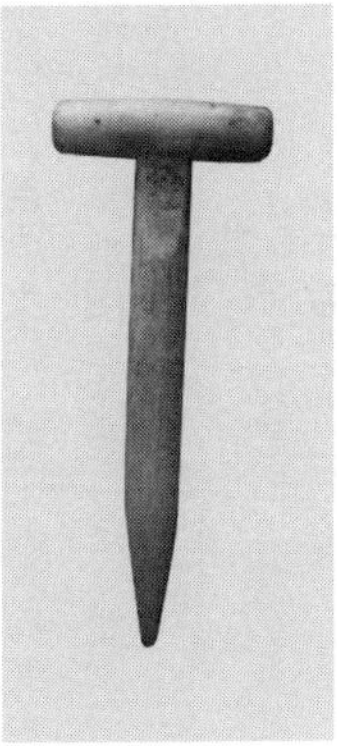

作で、畑の苗床の苗を田に移植するのは一二月、イグサの収穫は七月の土用。藺田の水のあるところには、水田の一角に密植しておいた稲苗を使って極端におくれた田植えをした。藺田の土はかたくしまっているので、手では植えられない。写真のような苗植棒を使って田に穴をあけて植えた。写真は辻清一郎さん（大正三年生まれ）が使ったもので、素材はカシ、棒の長さは二五センチメートル、径は三センチメートルである。この地では村で栽培したイグサを使って畳表を織っていた時代があった。

17　五角メンパ

木曽では漆塗りの塗師に対して、曲げものの木地を作る曲げもの屋のことを木地屋とよぶ。戦前木曽福島には曲げもの木地屋と塗師をあわせて二〇〇人の職人がいた。小判弁当・ひき曲重などが大量に作られていた。需要が減った現在、長野県木曽郡木曽町福島では、二〇〇四年現在、曲げもの木地屋は村地忠太郎さん（大正七年生まれ）ただひとりになっていた。村地さんの仕事場には模索の試作品がいろいろならんでおり、なかには曲げものの電気スタンドまであった。写真は、村地さんがわたしにみやげとしてくださった五角形の菜入れである。一辺が七センチメートル、ふかさ四センチメートル、材はヒノキでニスぬり仕上げなので木目が鮮明である。宝石などの小もの入れにも使える。ここには伝統再生の努力がにじんでいる。

18　コンコ用のサジ

高知県山間部では在来種のトウモロコシを焼畑ならびに定畑で栽培した。これをキビと称し、粒を煎って粉化したものをコンコとよんだ。コンコは缶に入れておき、三食ごと食事のまえに家族全員にまわし、各人はおのおの写真のような竹製のサジを使って口のなかにはねこむようにして食べた。サジに唾液がつくとコンコが固まるのでサジを口につけてはいけないといわれた。サジは子どもの成長段階に応じて大きさがことなった。写真のサジは高知県高岡郡梼原町奥井桑の井上家で使われていたものである。

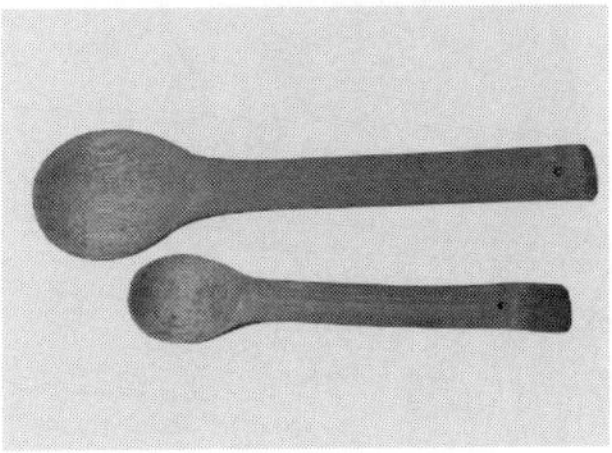

19　吉野篠原の杓子

奈良県五條市大塔町篠原は杓子の生産地だった。平杓子＝飯杓子（写真右）、小壺杓子＝汁杓子（長さ八〜九寸、写真中央）、大壺杓子＝汁杓子（長さ一尺五分、写真左）、素材はクリを主としたが一部にはナラも使った。同地の和泉重三郎さん（明治三二年生まれ）は杓子作りの名人で、和泉さんの作には焼印が押されている。和泉さんの技術がもっとも色濃く出るのは大壺杓子で、その掬具部分には横中央に「反《そ》りどめ」とよばれる峰がくり出されている。この横峰で杓子の反りやわれを防ぎ、いっぽう、汁の具をすくうときに分量を調節できるように工夫されたものだった。山中の杓子小屋に泊まりこん

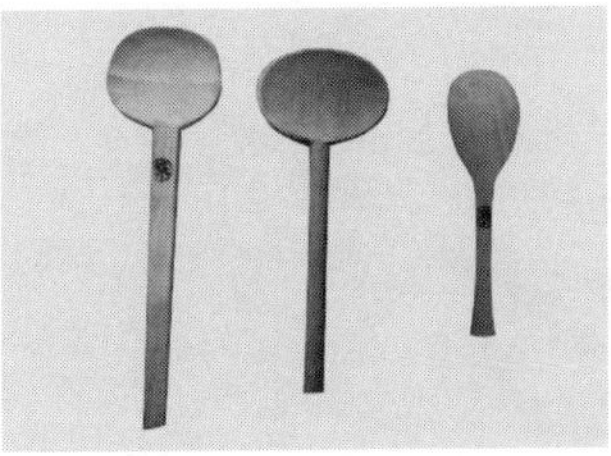

で杓子をくった。クリ材は大切にあつかっていた。「杓子屋の手痛」といわれるほど働いた。杓子の時代は遠いむかしのことになった。

20　クバ柄杓

クバはヤシ科の亜熱帯植物で、南九州・琉球弧・小笠原諸島などに自生する。葉は円形で、径一メートル前後、放射状に分裂して先端は下垂する。そのような葉が葉柄の先につき、幹の頭に集中簇生する。沖縄では、クバは神の憑依する木として重視され、その名をおう御嶽も多々ある。大型の葉は、クバ扇・クバ柄杓・クバ釣瓶・クバ蓑などの実用民具の素材として多用される。写真はクバ柄杓で水はもれない。

21　クバ蓑

クバという植物についてはクバ柄杓の解説でふれた。夏季、とりわけ日射が強くなる沖縄ではクバの葉で作った蓑が多用された。沖縄県八重山郡小浜島では軒に水字貝を吊るし、その水字貝の突起にクバ蓑やクバ笠をかけた。こうしておくと蓑笠が風に吹かれて音を立てる。それが魔よけになると伝えていた。水字貝と蓑笠の呪力の相乗効果が期待された呪術的な営みである。西表島の古見では稲の出穂

まえに生まれた子のことを「ヤドファー」とよび、ヤドファーは縁起がよくないと伝えられた。ヤドファーが生まれると家人は儀礼的にクバ笠をかぶった。のみならず、その家では七五三の注連縄を門口にはり、正面の軒に棒を立てかけ、その棒にクバ蓑とクバ笠と水字貝を吊った（中本セツさん・昭和三年生まれ）。出穂まえの誕生は未熟稲と未熟児を想起させ、その克服のために右の呪術がおこなわれたものと考えられる。棒・蓑・笠は石垣島川平の来訪神マユンガナシを思わせる。古見のこの呪術は、来訪神・ニライの神がこの家に滞在し、嬰児を守っていることの証明になっているのである。

22　アダンゾウリ

アンツクの項で紹介したアダンの葉にはトゲがあるのだが、このトゲを除去し、蒸してから日かげで二〇日間ほど干してこれを使ってゾウリを作る。感触もよく、耐久力もある。写真の左側はそのアダンのゾウリである。その右側はアダンゾウリやワラゾウリに通じるところのある簡便なはきものである。これは、二〇〇四年韓国の江陵でアジア民俗学会があった折に同地で求めたものである。これをよくみると、鼻緒に足のおやゆびとほかの四指をわけてはくゾウリ、ワラジ、ゲタという南に通じるはきものとはことなり、足の五本の指のすべてをおおう沓型で、大陸系であることがわかる。文化の系譜をたどる緒はどこにでもあるものだ。

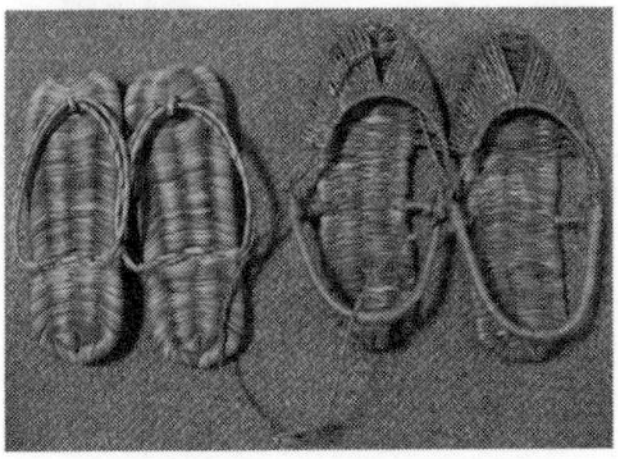

23　マンダケラ

秋田県北秋田市森吉町小滝に焼畑や採集民俗をまなびに入った。新林佐助さん（明治四二年生まれ）をたずねたのは昭和五五年八月六日のことだった。壁にかけてある蓑の美しさに心をうばわれた。蓑の素材はシナの木の内皮、シナのことをマンダとよぶ。蓑はケラという。マンダケラ用の皮をとる木は二〇～五〇年もの、木を伐るのは六月半ばから七月半ば。まず外皮をはぎ、内皮を泥が入らないようにムシロでしっかりと包んで池に三か月以上つけておく。こうするとマンダの内皮が紙のようにはがれてくる。これを流水にさらしてぬめりをのぞく。首の部分にはヤマブドウの皮を使う。えりくびの部分につけられた布織の模様もみごとである。マンダケラは、作りたては荒々しい。山形県では新品のマンダケラを一年間他人に貸す慣行があった。そうすると体になじむようになる。白いマンダの皮は美しかった。写真は新林さんに実費を払って作ってもらったものだ。当時で一万五千円だった。

24　日坂のワラビ粉

静岡県掛川市東部に、旧東海道の宿場町日坂がある。難所といわれた小夜の中山の西の坂下にあたる。日坂宿の名物はワラビ餅だった。ワラビ餅とはワラビの根から採取したワラビ粉（でんぷん）を餅にしたものである。ワラビ粉は掘った根をたたき、容器に入れた水につけ、でんぷんをふくむ水をろ過し、ろ過した水を一晩置くと最下部に白いでんぷんが沈殿する。その

水分をのぞいて干しあげる。こうしてできたワラビ粉に水を加えて火にかけて練り、冷やしかためて適当な大きさに切る。黄な粉や黒蜜をつけて食べる。写真はワラビ粉を販売する際の包装で、五センチメートル四方、厚さ二センチメートルにしたもので、昭和三〇年代まで日坂で作られていた。なおでんぷんは食用のほか、その粘着性をいかして傘糊・提灯糊として使われていた。高知県高岡郡四万十町下津井はワラビ粉の産地として知られ、阪神方面に出荷していた。いずれの場合もでんぷんの上にたまるにごった沈殿層（クロミ）は地元で団子などの食用にした。

25　シカの袋角

タラの木の芽が出るとオジカの角が落ち、やがて新しい角が生えてくるといわれる。血が通っている新しい角のことを袋角とよぶ。また、この袋角は鹿茸《ろくじょう》ともよばれ、古くから補精強壮剤として珍重されてきた。写真は静岡県浜松市天竜区水窪町小畑の猟師守屋鎌一さん（昭和一〇年生まれ）が袋角を乾燥させたものである。守屋さんは、袋角ははしか・熱さましに薬効があるとして症状が出た折にはこれをけずって湯をかけて飲ませる。静岡県榛原郡川根本町千頭の吉田重義さん（大正一三生まれ）は、袋角のなかでもふたまたの袋角がもっとも薬効が強いと語り伝えている。

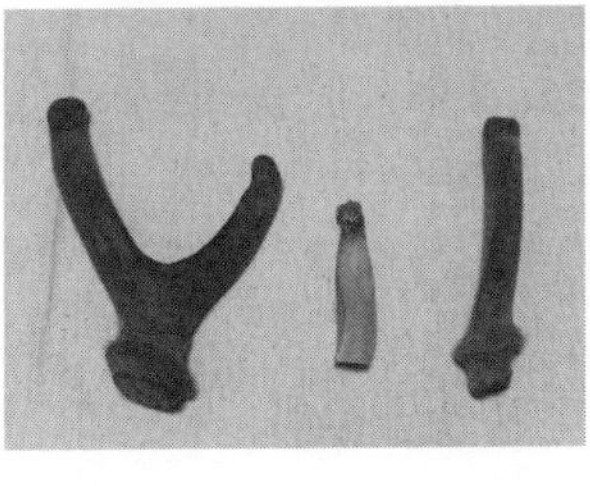

26　サルの頭蓋骨

サルを厩《うまや》につないでウマの魔よけにした例は『一遍聖絵』や『石山寺縁起』などの絵巻や『梁塵秘抄』の歌などによってたしかめることができる。民俗事例としては、厩や牛舎にサルの頭蓋骨を祀って牛馬の守護とする慣行がみられた。写真の頭蓋骨は平成二〇年九月、南アルプス聖岳の西麓の北又沢の奥にある山の神の巨大磐座「神の石」に参った折、途中で発見したものである。岡山県の民家の牛舎にサルの頭蓋骨を魔よけにして祀っているのをみかけたことがあったので、険路にさらされたサルの頭蓋骨をすてておくことはできなかった。いまはわたしの書斎を守ってくれている。

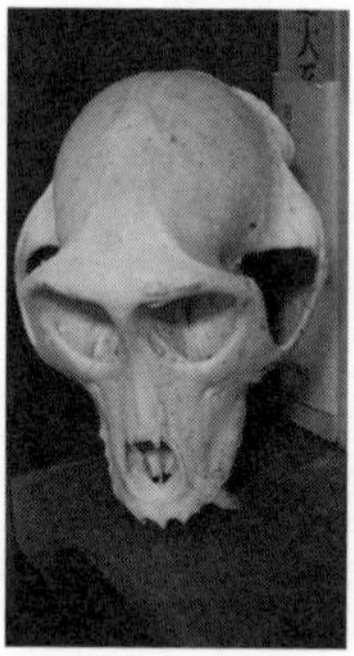

27　沖ノ神島神社のシカ

長崎県の五島列島のなかに野崎島がある。その島にある沖《おき》ノ神《こう》島《じま》神社に参ったのは平成一七年三月七日のことだった。社域には斎《ゆ》つ岩群《いわむら》とも称すべき巨岩・奇岩がるいるいとして、斧鉞《ふえつ》を知らぬスタジイ・ユスノキなどの巨樹がフジヅルをまとっていた。登拝の途中、ハッとするように美しいツバキの花に出会う。キーンと鋭い鳴き声が響く。走り去るシカである。かならず複数頭で、それらはみなれた奈良公園のシカに比べると小型ではあるが尻の

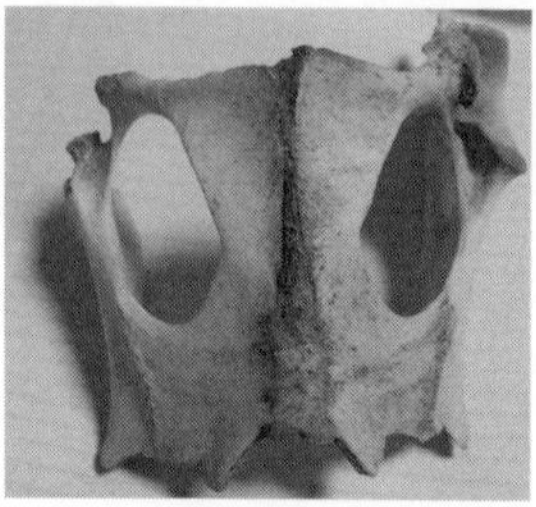

白い毛は汚れがなかった。写真は隘路の脇でみかけたシカの頭蓋骨、それも打ち砕かれた眼窩の部分である。無意識のうちにもち帰っていた。静岡市葵区田代の諏訪神社に豊猟を祈って奉納された角付きのシカの頭蓋骨をみたときの記憶がよみがえっていた。

28　ウマの轡《くつわ》

手綱をつけてウマを御するため、ウマの口にふくませる金属製の馬具「轡」（口輪）。轡はウマの口中に入る部分などをふくむ総称である。ウマの口のなかにかませる鉄または合金などの金属製の切断番線状の棒を「馬銜《はみ》」という。一本の直状物だと馬に負担がかかるので、二分して各先端を鐶《かん》状にして連結する。写真は現在もっとも普及している轡で、馬銜としてウマの口中に入る部分の長さは一一・五センチメートル、この長さは道産子およびアラブ馬にあう。

29　ウマの鳴り輪

岩手県滝沢市鵜飼の駒形神社（鬼越蒼前神社）の「チャグチャグ馬ッコ」はひろく知られるところである。チャグチャグというのは行列に参加するウマのすべてが首からたらしている鳴り輪の響き、その擬声語である。馬が歩を進めるたびに、おびただしい数の小鈴や蹄鉄の音とあわせ、遠く、ちかく響く鳴り輪の音はふかく美しい。ドー鳴輪の発生は社寺の軒先に吊るす鰐口とかかわるといわれる。ドー

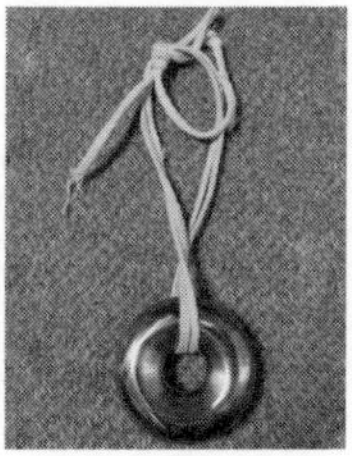

ナツ型で外周中央にみぞをつけ、なかに玉をひとつかふたつ入れたもので、はじめは鋳型、後には青銅の板金で作られた。成馬用のものは重さ二・五キログラムもあり、ずっしりと重い。写真は仔馬用のもので、小型である。鳴り輪は東北地方で多用された。オオカミよけ・クマよけに力を発揮した時代もあった。馬力ウマの場合、夜間の対向者にウマの歩みを知らしめた。べつに神おろしの役目をはたすこともあった。

30　ウマの沓

岐阜県の飛騨地方にはウマの沓一四枚を球状にかためて門口に吊るして魔よけにする風習があった。注目すべき風習である。白川郷萩町・静岡県浜松市西区古人見・静岡市葵区長熊などで、ウマの蹄鉄を玄関の上に打ちつけてあるのをみかけた。蹄鉄の普及は明治以降のことである。この両者のあいだには脈絡があるはずだ。ウマは重い体重・強い輓曳《ばんえい》力・疾走力・蹴る力など、人の力を超える大きな力をもっている。ウマのワラ沓も、蹄鉄も、そうしたウマの力を象徴していると考えられる。その強力なウマの力によって家に入らんとする病魔・悪霊・悪しきものを防除せんとしたものである。

31　馬頭院の小絵馬

栃木県那須郡那珂川町馬頭に馬頭観音菩薩を祀る馬頭院がある。祭祀仏が寺名となり、さらに町名にまでなっている。馬産地・馬耕地帯を背後にして、ウマの守りとして信仰を集めてきた。写真はその馬頭院が発する小絵馬である。小絵馬の上部は入字型の屋根をなしており、妻入り型の厩を象徴する。なかには神の依る神幣を背にした白い神馬がいる。小絵馬は神馬献上の代替としての「絵馬」の本来のかたちをそなえている。この絵馬の最大の特色はウマの鈴がそえられていることである。鈴は音による神降しのしるべであり、ウマの動きを知らしめるものであり、オオカミやクマなどウマに害をおよぼす獣をよけるためのものでもある。

32　ウシの安全祈願

　兵庫県丹波市春日町に舟城神社が鎮座する。祭日は七月七日だが、本殿うらには牛頭天王社が祀られており、この日を祇園祭と称し、旧氷上郡一円からウシを飼う者たちが参拝した。この日のみならず、七月一四日をカエリギオンと称してこの日も重ねて参拝する者もいた。写真は焼きもので、長さは八・五センチメートル。いまでも社務所で売られており、参拝者はウシの繁殖と安全を祈って牛頭天王社にこれをそなえる。

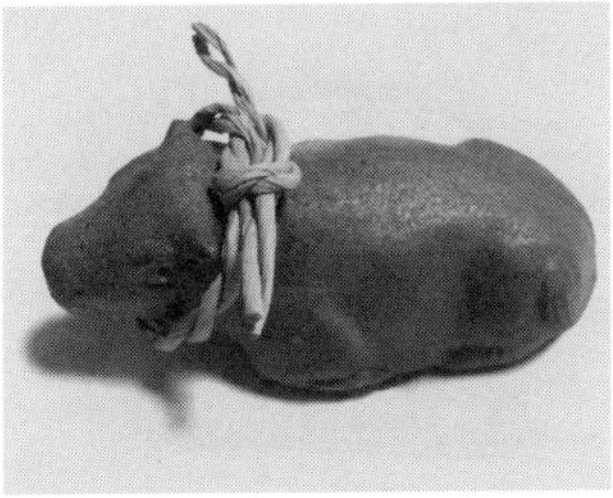

33　ウシの鼻輪

ウシを使役するためにはウシに手綱（追綱）をつけなければならない。ウシと綱とをつなぐためにウシに鼻輪状の鼻木をつける。鼻木は鼻輪・鼻しばり・鼻つなぎ・鼻つる・鼻ごなどとよばれる。輪状をなす鼻木の素材はスギ・カヤ・ケヤキ・クリなどで、囲炉裏や炭焼き小屋などで湾曲・乾燥させておいた。三歳までに鼻木をつけるのだが、とりつけの際、カモシカやシカの角・カシの針などを使ってウシの鼻中隔に穴をあけ、一気に通して台木でとめる。どうしても血が出るのでウシの鼻に味噌をぬっておく。ウシが味噌をなめているあいだに血がとまる。現在の鼻輪は総プラスチックで固定装置のついた輪である。写真は福井県小浜市上根来の岩本重雄さん（大正一三年生まれ）が昭和五〇年代まで使ったもので、輪はプラスチック、台木はホウの木である。

34　河童

昭和五五年三月、岩手県下閉伊郡川井村江繋から立丸峠を越えて遠野市土淵町栃内まで歩いた。コンセイさまについてまなぶために不動岩吉高さん（大正一五年生まれ）をたずねた折、写真の河童を記念にいただいた。不動岩さんがみずから彫ったものである。遠野には河童伝承も多く、河童論も盛んであるが、内藤正敏氏の「河童水子説」が心に

のこっている。河童のことを長野県下伊那郡天龍村や静岡県浜松市天竜区水窪町では「カワランベ」とよぶ。川童の意で、なつかしさがある。九州脊梁山地の椎葉村・西米良村・熊本県八代市泉町などで伝承されるセコボーズ・カリコボーズと河童の関係には深遠なものがある。

35　ハリセンボン

ハリセンボン（針千本）はフグ目の熱帯性の魚で、体全体が長いトゲでおおわれており、防御に際してはこれを逆立てる。ハリフグ、スズメフグ、バラフグなどともよばれる。日本海側ではこの魚が冬季に海岸による現象をふまえ、一二月八日という日に焦点をあててさまざまな防除呪術を伝承する地が多い。一二月八日・二月八日はコト八日で、悪しきものが家に侵入せんとする日、物忌みの日である。鳥取市伏野で玄関口にハリセンボンを糸で吊り下げている家が何軒もあるのをみかけた。ハリセンボンの針、その突刺性がコト八日の悪しきものを防除するとの信仰心意がみられる。やがてハリセンボンは一年を通じて、魔よけとしても玄関に吊られるようになったのであろう。

36　小正月とミニチュアの杵

静岡県静岡市葵区田代は大井川右岸最上流部のムラである。同地では小正月のモノツクリがさかんだった。ヌルデの木を使ってアワボ・ヒエボを作るにとどまらず、おなじ素材でたて臼（高さ八センチメートル）・テンマ杵（竪杵・長さ八・八センチメートル・写真右）・ウチ杵（横杵・

搗き棒：長さ七・八センチメートル、柄はタケで長さ一一センチメートル・写真左）も作った。ミニチュアの臼杵である。アワボ、ヒエボは、これらの穀物の豊作を予祝して玄関や神棚に飾られる。ミニチュアの臼杵は女児にあたえられた。女児たちは一日じゅうこれで遊んだ。ミニチュアの臼杵を使った遊びも豊穣予祝になっているのである。祭日に作られるミニチュアは「神の道具」である。女児たちは神に見立てられて秋の豊作を予祝したことになる。

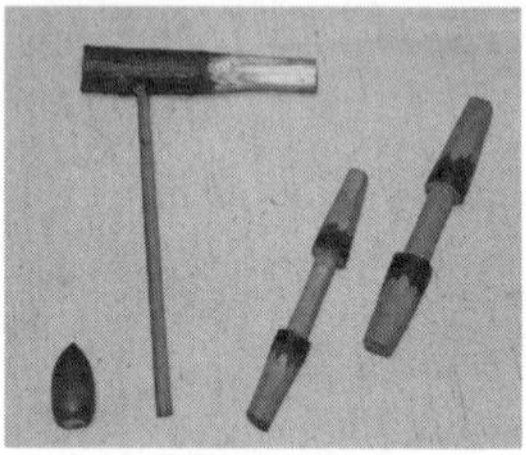

37　鷽《うそ》がえ

福岡県の太宰府天満宮で一月七日の夜、参詣者たちはおのおのの木彫りのウソを手にして神域に入る。暗闇のなかで人びとは「かえましょ　かえましょ」と唱えあって、互いにウソをかえあう。この群衆のなかで神職がしずかに一二個のカネウソを渡す。最後にカネウソを手にした者はその年の幸を得るとされている。ウソはスズメ目のアトリ科の小鳥で天神さまの使いだとされる。天満宮のウソはホウの木で羽を削り掛け風にけずりだしたもので、その祖型は神霊の依り代である。換えもの神事の根底にはケガレの棄拾や、新年を迎えるための信仰心意があったと考えられる。鷽がえは東京亀戸の天満宮でもおこなわれる。

38　ナマハゲの面

秋田県男鹿市のナマハゲは名高く、いまでも集落ごとに個性的な鬼面をつけたナマハゲが登場する。ナマハゲという呼称は、「ナモミはぎ」の転訛で、ナモミとは囲炉裏の火などで直接肌をあぶりつづけるとできる紫赤色の火斑のこと。鬼はナモミを作るような怠惰な者をこらしめに来るのだとの説明が浸透しつつあるのだが、発生的にはナマハゲの鬼はナモミや瘡・さまざまな皮膚病など人や家につくすべての悪しきものを除去してくれる神で、悪しきものを除いて新しい春を祝ってくれる神だったのである。写真のナマハゲ面の素材はキリ、髪はシュロの繊維、顔色は赤くはなく青灰色。男鹿の人の手になるものである。書斎の入り口を守ってくれている。

39　盆踊りのすり簓

写真は静岡県静岡市葵区有東木の盆踊りの際に使われる簓《ささら》というリズム楽器である。簓には短冊状のススキ板を重ね束ねて音を出す編木《びんざさら》や打ち簓があるが、有東木のものはすり簓である。いっぽうの竹の節をのこし、もういっぽうをこまかく割ったササラと、木の棒に刻みを入れソロバン玉をつらねたようにけずり整えたササラコ（写真右）とからなる。ふつうササラを右手にもち、左手にもったササラコをすって音を出す。「融通念仏縁起絵巻」には簓すりの人物が

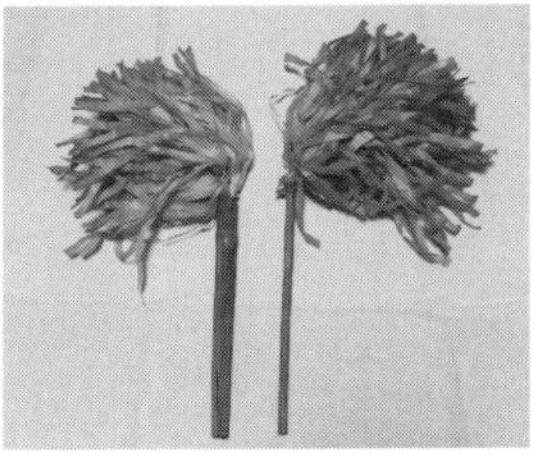

えがかれている。一メートル余りのササラコを左肩にかつぎ、右手でそれをすっている。これに比べると有東木のものはササラが二四・五センチメートル、ササラコが二六センチメートルでおのおのに紙房がついているのでやや小さく使いにくい。しかし、この紙房は美しく、神聖感をもたらしている。これは祖霊に捧げる幣束・ミテグラとなっており、盆踊りにふさわしいリズム楽器だといえよう。

40　コキリコの竹

富山県五箇山の「コキリコ節」はひろく知られている。

〽コキリコの竹は七寸五分じゃ　長いは袖のかなかいじゃ
マドのサンサはデデレコデン　ハレのサンサもデデレコデン

写真は「コキリコ節」の囃しに使われるもので、乾燥しきったスズ竹を二二センチメートルに切ったもので打ちあわせると響きがよい。コキリコとは不思議な名称である。漢字ではふつう小切子、筑子などをあてる。石川県小松市小原の伊藤常次さんが所持していた民具のなかにコキリコの竹とほぼおなじ長さのメダケの上部をするどくそぎ、にぎりを固定させるヒモをつけたものがあった。そがれた部分を刃としてこれでヒエやアワ、シコクビエなどの穂を切りとったのだといい、「コッペラ」とよんだという。「扱き箆《こへら》」の意である。これをもとに考えると、コキリコは雑穀の穂を扱き切る「扱き切り子」だったことがわかる。「コキリコ節」の楽器編成のなかにク

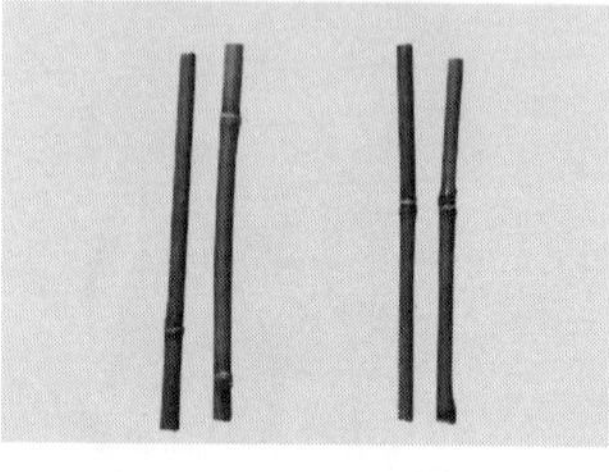

ワガネ（鍬金）があることを考えるとリズム楽器、農民のリズム楽器として「扱き切り子」があっても不思議ではない。（第5章のフィールドワークのなかで謎がとける　参照）

41　イノシシの下骸骨

奄美大島でかまどのそばに、捕獲し食したあとのイノシシの下顎がならべて掛けてあるのを数例みた。宮崎県の椎葉村や西米良村・南郷村などで座敷の長押や鴨居の上に白々としたイノシシの下顎が大量にならべられているのを多くみかけた。熊本県球磨郡多良木町槻木の黒木家のかまどの周囲には二〇〇個のカマゲタ（下顎骨）が掛けられていたという。この地では、カマゲタの肉はシシ宿の妻のぶんだと定められていたという。奈良県磯城郡田原本町の唐古鍵遺跡からは桟木にならべられたイノシシの下顎骨が出土している。イノシシの下顎骨、その集積の目的・意味は定かではない。写真のカマゲタは宮崎県椎葉村大藪でいただいたものだ。これをみながら難問を解決したいと思ってきたものだが思うにまかせない。

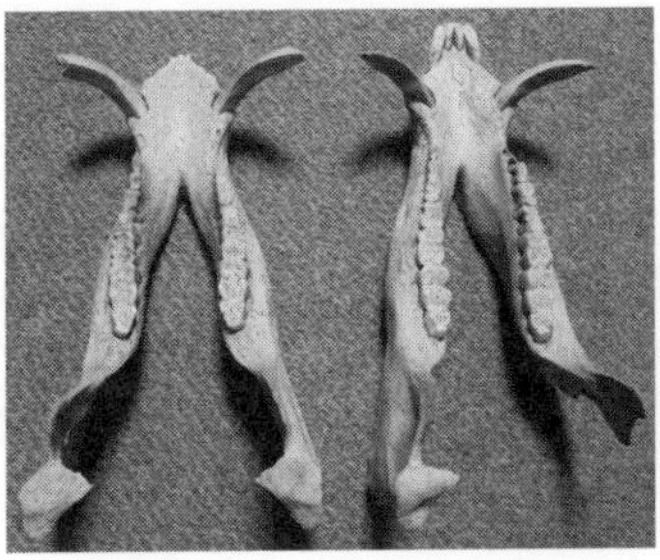

42　ウシュマイ・アッパー

沖縄県八重山諸島石垣島の盆は旧暦七月一三日から一五日までである。この三日間の夜「アンガマ」とよばれる行事がおこなわれる。ウシュマイとよばれるおじいさんすなわち翁とアッパー、またはンミなどとよばれる媼が二〇人ほどの眷属をひきつれ他界から人界をおとずれ、ムラのイエイエをめぐって人びとと交流するかたちをとる。写真は田場由盛さん作の面で、左がウシュマイ・右がアッパーである。家の主が一行を座敷に迎えて拝すると、ウシュマイが舞い、アッパーが舞う。舞がおわると問答がはじまる。翁・媼は多くの指導・助言や現代社会の批判をおこなう。質問は、青年がてぬぐいで覆面をして物かげにひそみ、声も通常の声ではなくうら声にちかい声でおこなう。他界から来訪した祖霊との問答にふさわしい印象をあたえる。

43　エパノ

アイヌの人びとのあいだには、運の悪い家は和人のむこか嫁を迎えると子どもがのこると伝え、また和人の子どもを育てると家運がよくなることも伝えられていた。貝沢イワコさん（明治四四年生まれ・役場が火災にあい戸籍簿が焼失したので正確ではなく、実際にはもうすこしはやく生まれたという）は、苫小牧の山奥で炭焼きをしていた和人の父母の子で一三人兄妹のひとりだったが、アイヌ人のウモン家にもらわれ、育てられた。育ったのは北海道沙流郡平取町二風谷で、祖父はコタンコロクル（村長）だったという。イワコさんからはさまざまな民俗についてまなんだ。頭に巻くもの・鉢巻をイワコ

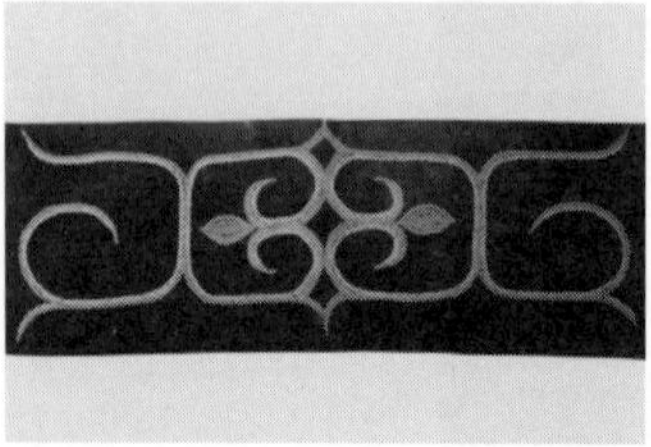

さんはエパノとよんだ。写真はエパノの一種でアイヌの女性が盛装の際に身につけるものだ。二度目の訪問の別れぎわに記念だといって、イワコさんはこれをわたしに下さった。これをみるたびにアイヌの人びとの懐のふかさについて語ってくれたイワコさんの眼ざしがよみがえる。

44　峠越えのお守り

昭和四七年ごろから峠や山村を歩きはじめていた。小学校六年生になった長男がある日、写真にある磁石と切り出しナイフをプレゼントしてくれた。富士川・安部川のあいだの峠や九州山地などを歩くときにもこれがずいぶん役立った。ともにリュックのポケットに入れつづけてきた。昭和五二年八月二九日に岩手県遠野市の仙人峠を越えた。西麓の足ヶ瀬で田面木清左エ門さん（明治二九年生まれ）方で峠話を聞いた。別れぎわ、今年は仙人峠でクマが四頭とれたし、危険だからこれをもっていけといって笛と爆竹をくれた。峠にさしかかって笛を吹きながら歩いた。長男がくれた切り出しナイフももっていた。

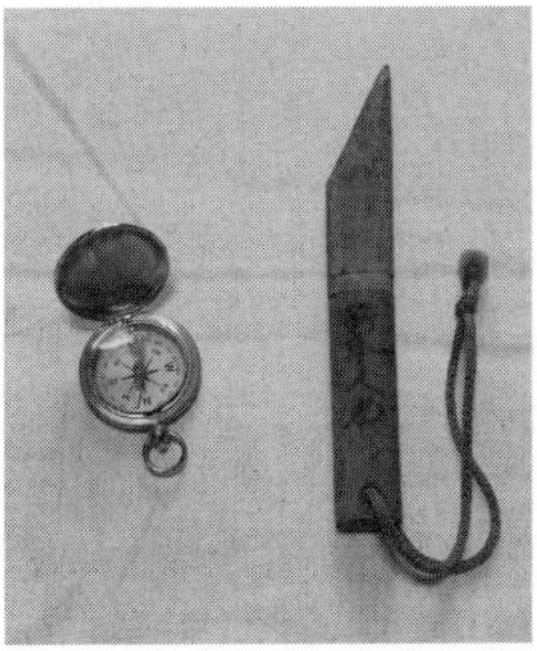

著作紹介

◆おもな著作◆

『石の民俗』（日本の民俗学シリーズ1）（雄山閣出版　一九七五）
磐座や巨石、窟などの信仰にかかわる石やくらしの石から、日本人にとっての石を考える。

『峠　文学と伝説の旅』（カルチャーブックス31）（雄山閣　一九七八）
峠越えの儀礼をはじめ、古代から現在に通じる峠に関するさまざまな伝承を全国の峠を歩いて収集。

『大井川　その風土と文化』（静岡新聞社　一九七九）
大井川の上下流域の環境条件によってくらしがことなるという発見をする。環境民俗学の礎となった書。

『庶民列伝　民俗の心をもとめて』（初版一九八〇・白水社　二〇〇〇）
個人の体験談を聞き取ることで、日本人の生業要素の複合性や環境とのかかわりをあきらかにした。

『石と日本人　民俗探訪』（樹石社　一九八二）
『石の民俗』をふまえ、より多角的に日本人と石とのかかわりをみつめた。

『焼畑民俗文化論』（雄山閣出版　一九八四）
稲作中心の日本のなかで、焼畑農業にかかわる濃密で多彩な民俗文化が展開されてきたことをあきらかにした。東北地方から琉球弧におよぶ多くの事例が収集されている。

『生態民俗学序説』（白水社　一九八七）
生きものや環境にかかわる民俗に注目し、生態学の概念を援用しつつ人と自然が交錯する民俗の発掘に意をそそいでいる。野本の学位論文である。

『軒端の民俗学』（白水社　一九八九）
家の内と外の境界である軒端で展開される民俗に注目し、日本人の空間意識にせまる。

『熊野山海民俗考』（人文書院　一九九〇）
熊野の豊かな自然環境が人びとの生業・生活、また信仰にどう密接にかかわってきたかを説いた熊野研究の書。

『神々の風景　信仰環境論の試み』（白水社　一九九〇）／**『神と自然の景観論 信仰環境を読む』**（講談社学術文庫　二〇〇六）
聖性地形に注目し、信仰とふかくかかわる環境要素に注目した。畏怖と恩恵をもたらす自然から生まれた信仰をあきらかにし、それを支える「民俗モラル」についても言及した一冊。

『稲作民俗文化論』（雄山閣出版　一九九三）
苗代、牛耕など急速に失われる稲作技術をはじめ、予祝芸能や神事など稲作をめぐる民俗にせまる。

『言霊の民俗　口誦と歌唱のあいだ』（人文書院　一九九三）

常民が語りついできた呪言、民謡、子守唄等を収集し、それら口誦伝承に底流する言霊の力を解説。

『共生のフォークロア　民俗の環境思想』（青土社　一九九四）／『生態と民俗　人と動植物の相渉譜』（講談社学術文庫　二〇〇八）

自然を利用してくらす人びとが決してわすれなかった「資源保全」。人と自然の共生のルールなどを示した一冊。

『海岸環境民俗論』（白水社　一九九五）

海岸線の地理的・生態的要素と生業の関連とそれに付随する民俗をあきらかにした。環境民俗学の重要な構成要素である。

『近代文学とフォークロア』（叢書L'ESPRIT NOUVEAU）（白地社　一九九七）

近代文学のなかに息づく民俗世界をひもとき、民俗学がみおとしがちな民俗素材を文学のなかで探索する画期的な一冊。

『四万十川民俗誌　人と自然と』（雄山閣出版社　一九九九）

清流四万十を河口から上流域、水源までたどり、変化に富んだ河川のめぐみとそれに基づく河川民俗を浮き彫りにした書。

『山地母源論1・日向山峡のムラから　野本寛一著作集I』（岩田書院　二〇〇四）

柳田國男がおとずれた椎葉村を中心に、焼畑・狩猟・採集といった始原生業要素の複合とその実態をあきらかにした。加えて、こうした山地にくらす人びとの儀礼や自然観にも言及している。

『栃と餅・食の民俗構造を探る』（岩波書店　二〇〇五）
トチと餅を緒として日本人の食の民俗世界をえがく。とくに芳香と刺激、色、食感等日本人の好みへの言及は必見。

『民俗誌・女の一生　母性の力』（文春春秋　二〇〇六）
聞き取りによる女性の生きかたは、女性蔑視観だけでとらえることのできない自立したものであった。

『山地母源論2・マスの溯上を追って　野本寛一著作集Ⅱ』（岩田書院　二〇〇九）
マスは奥ぶかい山地の渓流で産卵し、母川回帰する。マスは山のめぐみでもある。一七県八二例によってマスにかかわる民俗世界をあきらかにした。

『地霊の復権　自然と結ぶ民俗をさぐる』（岩波書店　二〇一〇）
日本人の、大地・すなわち地霊に対する眼ざし・心性に注目し、環境民俗学のあらたな一視点を示した書。

『自然と共に生きる作法・水窪からの発信』（静岡新聞社　二〇一二）
静岡県浜松市天竜区水窪町の人びとのあらゆる伝承知を紹介し、現代の知恵となるかいなかを問う。

『「個人誌」と民俗学　野本寛一著作集Ⅲ』（岩田書院　二〇一二）

個人の人生を、かかわる民俗事例をふくめて詳細に記録している。これを「個人誌」とよぶ。ここでは、日本各地に生きた一五人をとりあげ、その「個人誌」の絶対性を示すとともに「個人誌」が民俗学にとっていかなる力をもつかをあきらかにしている。

『自然災害と民俗』（森話社　二〇一三）

ときに命や生活をうばう自然に日本人はどう対処してきたか。環境民俗学の柱のひとつ「自然災害の民俗」にせまる。

『牛馬民俗誌　野本寛一著作集Ⅳ』（岩田書院　二〇一五）

牛馬を飼育した百人以上の話者から、飼育技術から牛馬に関する年中行事・牛馬の生涯儀礼にいたるまで聞き取りを重ねた。日本人の牛馬に対する温かな眼を感じる書。

『季節の民俗誌』（玉川大学出版部　二〇一六）

暦とはちがう、その地の環境に根ざした季節の営み（生業・自然暦・年中行事等）、とくに積雪地帯の現実の春に注目している。

『民俗誌・海山の間　野本寛一著作集Ⅴ』（岩田書院　二〇一七）

海からも山からもはなれた平地にはどんな民俗があるのか、平地に生きた人びとの海山への眼ざし、海山を結ぶ川、道などについてのべている。一部では山の生活環境、海辺の民俗にもふれている。

『民俗のことばで探る　遠山谷の環境と暮らし　伊那民研叢書3』（柳田國男記念伊那民俗

研究所　二〇一八）
遠山谷に伝わる民俗のことば（民俗語彙）を収集することで、自然環境とくらしのかかわりを立体的にえがいている。

◆おもな共著◆

野本寛一編『食の民俗事典』（柊風舎　二〇一一）
食素材、調理、保存、食にまつわる行事・儀礼等、日本の「食の民俗」を集めた事典。

赤坂憲雄『暮らしの伝承知を探る』（玉川大学出版部　二〇一三）
赤坂憲雄氏との対談形式で野本流フィールドワークの手法を紹介。

三国信一『人と樹木の民俗世界　呪用と実用への視角』（大河書房　二〇一四）
「樹木の実用民俗」・キリと針葉樹を中心に樹木の実用方法とそれにかかわる民俗を紹介。

野本寛一（のもと・かんいち）

1937年静岡県生まれ。國學院大學文学部卒業。文学博士（筑波大学）。近畿大学名誉教授。平成27年文化功労者顕彰、平成29年瑞宝重光章を受ける。著書に『季節の民俗誌』（玉川大学出版部）、『暮らしの伝承知を探る』（共編、玉川大学出版部）、『焼畑民俗文化論』『稲作民俗文化論』『四万十川民俗誌　人と自然と』（以上雄山閣出版）、『生態民俗学序説』『海岸環境民俗論』『軒端の民俗学』『庶民列伝　民俗の心をもとめて』（以上白水社）、『山地母源論1　日向山峡のムラから』『山地母源論2　マスの溯上を追って』『「個人誌」と民俗学』『牛馬民俗誌』『民俗誌・海山の間』（野本寛一著作集Ⅰ～Ⅴ、以上岩田書院）、『栃と餅　食の民俗構造を探る』『地霊の復権　自然と結ぶ民俗をさぐる』（以上岩波書店）、『神と自然の景観論　信仰環境を読む』（講談社学術文庫）、『自然災害と民俗』（森話社）、『自然と共に生きる作法　水窪からの発信』（静岡新聞社）、『食の民俗事典』（編著、柊風舎）、『日本の心を伝える年中行事事典』（編著、岩崎書店）ほか。

筒江　薫（つつえ・かおり）

近畿大学文芸学部文化学科・同大学院文芸学研究科で野本寛一より民俗をまなぶ。大学院修了後も三重県伊賀市、愛知県豊川市ほかで師のもと地方史の民俗編の調査・執筆をおこない、おおくの教えをうける。野本の名もなき人びとへの敬意に深く感動し、またそこからまなぶことのたいせつさを実感して、いまもフィールドワークをつづけている。著書に『田んぼの学校へいってみよう』（玉川大学出版部）、共著に野本寛一編『食の民俗事典』（柊風舎）、野本寛一編『日本の心を伝える年中行事事典』（岩崎書店）がある。

装画：むらかみひとみ
装丁：中浜小織（annes studio）
協力：谷阪智佳子、中山義幸（Studio GICO）

編集・制作：株式会社 本作り空Sola
http://sola.mon.macserver.jp/

民俗学者《みんぞくがくしゃ》・野本寛一《のもとかんいち》　まなびの旅《たび》

2019年3月10日　初版第1刷発行

編　者―――筒江 薫

発行者―――小原芳明

発行所―――玉川大学出版部
〒194-8610　東京都町田市玉川学園6-1-1
TEL 042-739-8935　FAX 042-739-8940
http://www.tamagawa.jp/up/
振替：00180-7-26665
編集　森　貴志

印刷・製本――港北出版印刷株式会社

ISBN978-4-472-30306-7　C0039 / NDC382